The Earned Life

Lose Regret, Choose Fulfillment

放手去活

領導大師葛史密斯
「活出無悔人生」的教練課

馬歇・葛史密斯 馬克・瑞特 著
Marshall Goldsmith & Mark Reiter

廖建容 譯

感謝羅斯福．湯瑪士博士（Dr. Roosevelt Thomas, Jr.）
的洞見和支持
感謝安妮克．拉法吉（Annik LaFarge）
為我們牽線

別搞錯了，我已不是從前的那個我。

——《亨利五世》（Henry V），莎士比亞（William Shakespeare）

全球領導人和思想家的推薦

在我擔任企業領導人教育者和教練的這五十年，我有幸能與許多美國最傑出的領導人共事。按理說，應該是我教他們，但實際上，我向他們學到的東西，遠比他們向我學到的東西更多。以下的領導人、思想家和教練，非常大方地願意為我的工作成果以及本書背書。我在本書分享了我所學到的東西，希望我的分享能幫助到你，如同那些傑出的領導人、思想家，和教練幫助了我。

——馬歇・葛史密斯

自從我與葛史密斯合作之後，我的人生就升級了。我所有的重大決定都受到他的智慧、愛心和竭力付出影響。在他的百人教練社群中，我們鼓勵彼此要向自我實現的方向移動，而不是向懊悔的方向移動。我每天開車出門時都會聽他的有聲書，帶著謙卑和熱情，再次贏得我的人生。

——金墉博士（Dr. Jim Yong Kim），世界銀行前總裁葛史密斯的教練內容的精髓，在於他竭力實踐他的使命感，也就是幫助他的每一個客戶（包括我）得到幸福與實現自我，還有更加善待自己，以及我們所帶領的人。現在，他把服務對象擴大到了每一位閱讀本書的人。這是他給我們每一個人的美妙禮物：幫助我們成為我們想成為的人，並且活出實現自我的無悔人生。謝謝你，馬歇，《放手去活》棒極了！

——艾倫．穆拉利（Alan Mulally），福特公司前執行長

毫無疑問，葛史密斯的教練和友誼，幫助我成為了一個更優秀的領導人，以及一個更快樂的人。他對我最深遠的影響，或許是幫助我學習擁抱反饋，知道別人怎麼看我，然後練習給予前饋，藉此做出正向改變。在《放手去活》中，這位全世界最受愛戴的教練，分享了他最有價值和最有影響力的洞察，告訴我們如何創造幸福，且實現自我的人生。

——修伯特．喬利（Hubert Joly），百思買（Best Buy）前執行長

我們的人生充滿了許多美好的事物，對我來說，葛史密斯是其中之一。從我們相識

並共事的第一天起，從我擔任美國女童軍執行長的時期一直到今天，他是我的生命和工作中非常特別的一個人。現在，他透過《放手去活》與所有人分享一件極為重要的事，那就是我們要如何活出實現自我的人生。這本精彩巨作你必讀不可！

——法蘭西斯．賀賽蘋（Frances Hesselbein），美國女童軍前執行長

葛史密斯擁有一種獨特的能力，他只要和我講五分鐘的話，就能給我關於領導與成長的洞察，激發我深刻思考，同時讓我聚焦於最重要的事。在新冠肺炎疫情期間，輝瑞持續扮演關鍵性角色，為這個世界保護與拯救性命，而我在這段期間向葛史密斯學到的東西，甚至比以前更多。除了談論工作相關的事，我們還聊到了人生。他是個很棒的教練、教育者和作者。

——艾伯特．博爾拉（Albert Bourla），輝瑞大藥廠（Pfizer）執行長

葛史密斯是這個時代的智者。他把誠實、愛心和智慧注入他的每一本書、每一場演講、每一個會議，以及我與他的每一次互動。

——亞辛．阿德瓦尼（Asheesh Advani）青年成就（JA Worldwide）執行長

《放手去活》為葛史密斯的工作成果又增添了一項成就。這本書提供的忠告能夠幫助你不斷創造更多成就，同時幫助你在這個過程中，找到內心的平靜與快樂。

——艾美．埃德蒙森（Amy Edmondson），哈佛商學院領導力與管理講座教授

葛史密斯劍指事物的核心。對於想要把努力和人生意義連結起來的人來說，他是最棒的支持者、引導者和啦啦隊員。對於不認識他的人來說，你現在能夠透過這本書獲得成長，是多麼幸運的事！

——約翰．迪克森（John Dickerson），CBS首席政治新聞分析員

我每天都聚焦於為每一刻而感恩。我太過目標導向，以致於忘記了快樂和成就不一定會互相排斥。當我活在當下，我就能夠提醒自己，在做決定時不要那麼聚焦於自己。葛史密斯幫助我成長，並且做到了這點。

——張錫鎬（David Chang），主廚與作者

與葛史密斯合作是我人生的一大幸事。他不斷幫助我成為更好的人、更好的妻子、更好的媽媽，以及更好的領導人。與他共事的旅程充滿喜悅，包括必須做出根本改變的時候。《放手去活》完美捕捉到了他的精神，以及他對我們產生的影響。

——艾查．埃文斯（Aicha Evans），自駕車新創公司Zoox執行長

我剛讀完《放手去活》。謝謝你邀請我與自己進行了更深刻的對話！

——南宏黛．布洛克（Nankhonde van den Broek）領導人教練、行動主義者與創業家

我們與六十位全世界最傑出的人、花了四百多個小時的週末，真心對談所學習到的原則，全都收錄在葛史密斯的《放手去活》裡。

——馬克．湯普森（Mark C. Thompson），領導力教練

這些年來，葛史密斯已經成為一位全世界最優秀的領導力思想家。儘管如此，他一直是我所認識最有愛心的人。他活出了淋漓盡致的豐盛人生。《放手去活》能夠幫

助你也像他一樣。

——肯・布蘭查（Ken Blanchard），作家、演說家與企業顧問

《放手去活》，以及葛史密斯的其他著作和演講，使他成為一位真正的世界教練。

——東尼・馬克思（Tony Marx），紐約公共圖書館總裁兼執行長

作為一位教練和顧問，葛史密斯擅長在對的時間拉你一把，提出對的建議。《放手去活》是一本很精彩的書。

——莉塔・麥奎斯（Rita McGrath），哥倫比亞商學院教授

葛史密斯又再一次地做到了！《放手去活》涵蓋了精彩洞見和工具，讓你感覺他正在親自教練你。

——大衛・厄瑞奇（David Ulrich），密西根大學商學院教授

目錄

第二部　贏得你的人生

推薦序

真正無悔的人生

旭榮集團執行董事　黃冠華

身為ＥＭＢＡ雜誌的多年讀者，自然而然地成為葛史密斯先生的忠實信徒。他的教練領導哲學，形塑了我對企業的管理模型，深度影響我為人處世之道，甚至我最近寫的新書《讓別人贏》，其實也都是從葛史密斯先生「你要思考，你的人生到底想要贏得什麼？」的思維脈絡，而延伸出來的結晶。

很榮幸能在這麼多年來，成為台灣少數能與葛史密斯先生見到面的讀者，甚至能成為朋友。在本書有提到，他之前出版的書籍：《UP學》，談的是如何消除人們在職場上的破壞行為；《魔勁》則是關於如何處理阻礙事業向前推進的挫敗；《練習改變》是關於如何辨識哪些生活情境，會觸發我們最糟糕的反應；而這本書所談的，則是很多人最需要克服的大難題，懊悔。

對我來說，讀完每一本書，都會讓我在思維上開拓一個新的層次，如同本書所提到的「每一次的呼吸，都是新的我」一般，重生！

我在書中感受最大的一段故事就是：邁克的妻子向他提到，如果當年在孩子成長的時候他能多參與的話，就更好了。而邁克回答：「你對十年前那個人的看法，一點都沒錯，但現在坐在這裡的那個人進步了。明天他會變成另一個人，讓自己更好，而過去那個受苦的女人，和我面前這一個女人，也不是同一個人！」

這段故事，我在看完之後思考許久。短短的幾句話，把過去的我和現在的我之間的不一樣，交代得清清楚楚。我們常常活在悔恨、懊惱、千金難買早知道，再來一次有多好的情緒裡，但其實放下並沒有這麼不容易，因為每一次呼吸都是全新的我。葛史密斯透過佛家的觀念，帶入了這個思維，讓大家看清楚了這個本質。我們不需要去為已經不存在的、過去的我，背負著贖罪的壓力。

但是光理解是不夠的，我們必須要提出解方，這也是我對葛史密斯先生最佩服的地方之一。他不是只告訴你問題在哪裡，還告訴你應該怎麼辦，可以怎麼走，LPR（人生計畫檢討會議）就是一個很不錯的概念和計畫。

在每一個概念提出後，葛史密斯提出了練習的方式，讓大家嘗試看看。你可以問自己問題，前往假設的情境，去感受這一個想法，有沒有真正對你產生影響，變成行為，創造價值。或者，它只是一個看起來似乎很有道理，但是看完之後，就會拋在腦後的心靈雞湯？

看到書的最後，從使命感、同在、社群、無常，到結果，其實我眼中的葛史密斯，已經把中西方的哲學做最完全的融會貫通，渾然天成，回到本我。

在闔上書本之後，一方面我為大師的智慧而讚嘆，也為自己的成長而喜悅，同時間我也給這本書的譯者一個極高度的評價。雖然我並不是中英同時並讀，但是我可以深刻感受到，雖是透過翻譯，但是這個智慧依舊能夠流盪在字裡行間之中。期待每一位讀者都能和我有一樣的感受，享受這一趟心靈之旅。創造「每一次呼吸之後，一個更新的你」，擁有真正無悔的人生！

PS：書中葛史密斯說到，在看過有一年紐約客雜誌為他做的專訪後，客戶如果沒看到他穿綠色 Polo 衫和卡其褲，就會顯得很失望時，我忍不住莞爾一笑。因為我想大家也可以理解，為什麼我每天都要穿著中山裝了！

編者序

用光照亮別人，那光也會照到你

EMBA雜誌總編輯　方素惠

看著《放手去活》一書的中文翻譯稿，我不時停下來咀嚼回顧自己的人生，內心湧動。就像這個練習：葛史密斯要讀者寫一封信給過去的自己，對於自己做的某件事情表示感謝，因為它使現在的你變得更好。

我的思緒立刻飄到二〇〇八年，我飛到美國聖地牙哥參加ATD年會。在那個陽光燦爛，帆船點點的海邊，我和葛史密斯第一次見面，和他進行了專訪。

多年來，我訪問過許多頂尖思想家，葛史密斯是非常獨特的一位。這位Thinkers 50推選的全球第一領導大師、紐約時報暢銷書作者，爽朗親和，慷慨助人。他時常哼哼唱唱，和所有人都能成為朋友。不止於此，他還把客戶、朋友聚集在一起，讓大家彼此向對方學習。

他的教練對象幾乎全都是財星五百大企業的領導人，絕對不是最好應付的對象，但是他贏得了所有客戶的敬佩，從輝瑞大藥廠到福特汽車的ＣＥＯ，都對他推崇備至。

我在專訪他之後不久，在ＥＭＢＡ雜誌上開設了專欄，每期刊登他的一篇文章，深入淺出地為台灣的企業主管介紹教練式領導的概念。這個系列的文章激起了很大的迴響。在大多數主管急著用傳統方式帶領員工，命令糾正，卻遭遇很大的挫折感時，葛史密斯提醒主管遏抑那種急著展現自己能耐的衝動，透過肯定與提問來激發團隊的潛能。

過去十幾年來，ＥＭＢＡ雜誌共出版了葛史密斯的四本著作，邀請他來台灣三次舉辦研討會，我也帶著他和太太萊達到台灣各地旅行。在滿滿的行程中，工作或非工作的狀態下，我有機會近距離觀察他如何實踐自己的人生哲學。

例如，他的其中一項理念，也是我在這本書裡最受啟發的話之一：「活出無悔人生的一項祕訣就是，採取極端，把你需要做的事極大化，把你認為不必要做的事極小化。」他掌握他覺得重要的事情，做他喜歡的工作，對於其他的事情豁達大度，不拘泥糾結，他展現了他可以既成功又快樂的祕訣。

二〇一九年，因為他的邀請，我到倫敦參加 Thinkers 50 大會，進一步見識到他的魅力。他負責和當年的終身成就獎得主對談，一上台全場掌聲雷動，甚至超過主角。我這才發現，即便在同是頂尖思想家聚集的場合，他已經成為了一位「教主」，因為他不只是獨好，而是共好。「用光照亮別人，那光也會照到你。」如同他在這本書裡強調的。

在《放手去活》中，他分享了自己和許多頂尖領導人的例子，告訴讀者怎麼活出自己渴望的人生。除了故事啟發人心，他還附上做法和練習，他希望提供的東西是確實可以執行，有結構地內建在生活中。

這兩年因為疫情的關係，也引發葛史密斯重新思考人生。他知道七十幾歲的他，必須加快腳步來幫助別人。「寫這本書是我必須做的其中一件事。我盼望你能從中獲益，希望它能教導你如何恰當地運用你的時間，讓你此生毫無遺憾悔恨。」他說。

二〇〇八年，我在聖地牙哥的那趟旅程中重新定義了自己的角色，不再只是文字工作者、出版人，而是學習的促進者（learning enabler）。因此我回台後開始推動企業讀書會、推出企業學習平台，乃至於最近的「我們學堂」線上學習計畫。我感謝自己當年跨出舒適圈，也感謝遇見葛史密斯，打開了人生的另一扇門。

在這本書裡，葛史密斯親自示範了如何淋漓盡致地活出他的人生。讀這本書的時候，如果你真誠和自己對話，並且化為行動，相信這會是你人生另一個階段的起點。

序言

多年前，在小布希時代，有人在某個領導力會議上介紹我認識理查，他是一位經紀人，服務對象是藝術家、作家和音樂人。我和理查有幾個共同的朋友，他們對我說，理查和我有很多共同點。他住在紐約市，而我剛在紐約買了一套公寓。我和理查說好，下次當我進城時，要一起吃個飯，結果他臨時取消約定，沒有特別說明理由。喔，我還能說什麼呢。

幾年後，在歐巴馬時代，我和理查有一天終於聚在一起吃飯，正如朋友所說的，我們果然非常投緣。我們聊得很愉快，有說有笑。然後，理查突然對我說，他很後悔多年前取消我們的晚餐之約，一想到過去那些年被「白白浪費」，錯失了許多歡聚的美好時刻，他就懊悔不已。當然，他所謂的「白白浪費」只是在開玩笑，不過，我在他的臉上看見了落寞的神情，彷彿他把人生的某個重大決定搞砸了，所以必須鄭重道歉。

我和他每年會在紐約碰兩、三次面，但他每次都會提起他的懊悔。我每次都會說：「別在意，我接受你的道歉。」然後，在某次相聚時，他說了一個故事給我聽。

他從馬里蘭郊區的高中畢業時，對於繼續上大學沒什麼興趣，於是決定入伍當兵。他沒有被派往越南打仗，而是在德國的陸軍基地服役三年，然後退伍返回家鄉，此時，他決定要去上大學。二十一歲的他對於未來終於有了清楚的想法。在開學前的那個暑假，他在華盛頓特區開計程車打工。有一天，一位年輕女性在機場搭上他的車，要到貝塞斯達（Bethesda），她是布朗大學的學生，到德國當了一年的交換學生，剛剛回國。

「我們有一個小時的時間，在車上聊起彼此對德國的看法，」理查說，「截至那時為止，那是我人生中最愉快的時光之一。我們之間絕對有某種火花。我把車開到她父母的大房子前面，慢吞吞地把她的行李拿到房子的前廊，尋思下一步要怎麼做。我想再次和她見面，不過，司機約乘客出去約會是不被認可的事，於是我退而求其次，把我的名字寫在計程車行的名片上，流暢地說，『如果你需要搭車去機場，可以打電話到車行，指名叫我開的車。』她說，『我會的』，好像我們已經同意要約會一樣。我輕飄飄地回到車上，興奮不已。她知道怎麼和我聯絡，而我知道她住在哪裡，我們算是連上線了。」

我聽著理查訴說他的故事，心裡很清楚，這個故事接下來會怎麼發展。這幾乎是每一齣我所看過的浪漫喜劇的素材。男孩和女孩相遇，其中一方遺失了對方的名字、電話號碼，或是地址，另一方苦苦等待，杳無音訊。幾年後，兩人在某處偶然相遇，重新聯絡上，諸如此類。

「幾天後，她打電話給我，我們約好在下個週末碰面，」理查繼續說，「我開車前往她家，把車停在三個街區之外，整理思緒。這個夜晚對我來說非常重要，我能想像自己和她共度一生的畫面，雖然她的家境比我好很多。然後，我做了一件連我自己也無法解釋的事，我突然動彈不得。或許是因為那個大房子，或是豪宅區的關係，或是因為我開的是一輛計程車，不論是什麼原因，我就是鼓不起勇氣走到她家門口。我這輩子再也沒有見過她——而那個怯懦的舉動陰魂不散地跟了我四十年，這必定是我至今依然孑然一身的原因。」

不明所以、急轉直下的結局，使理查激動得說不出話。他的表情如此痛苦，我不得不把視線移開。我本來以為會聽到一段甜蜜往事，關於順利的第一次約會和更多的約會，或是一段苦甜參半的戀情，經過幾次約會之後，他們發現彼此並非自己原本所想的靈魂伴侶。沒想到，我聽到的是痛徹心扉的懊悔，而懊悔是人類最空虛悲涼的感受。我們的談話在此時戛然而止，我說不出任何安慰的話來幫他。我希望所有的人都可以不要有這種懊悔。

在兩個極端情緒之間擺盪

任何一本給人建議的書，都想幫助讀者克服某種長期存在的挑戰。減重、致富，和找到真愛，是三個最容易想到的共通性挑戰。我最近的幾本書都聚焦於：讓事業抱負與個人幸福產生交集的行為。在《UP學》（What Got You Here Won't Get You There），我探討的是如何消除人們在職場的自我破壞行為；《魔勁》（Mojo）是關於如何處理阻礙事業向前推進的挫敗；《練習改變》（Triggers）是關於如何辨識哪些日常生活情境，會觸發我們最糟糕的反應和選擇。而本書要克服的挑戰則是，懊悔。

我的前提是，我們的生活總是在兩個極端感覺之間來回擺盪，其中一端是「自我實現」（fulfillment）。我們根據六個要素來判定內心的自我實現感，我稱之為「實現因子」（fulfillers）：

- **使命感**

- 意義
- 成就
- 關係
- 投入
- 幸福

這些指標決定了我們人生奮鬥的方向[1]。我們投注大量的時間和精力，尋找人生的使命感和意義，讓別人認可我們的成就，維繫人際關係，投入我們所做的事，以及尋找幸福。我們絲毫不敢鬆懈，而且永無止境地努力，因為我們和這六個實現因子的關連，脆弱、無常，而且稍縱即逝。

舉例來說，幸福是一個普遍的情感福祉指標。那也是為什麼我們經常問自己是否快樂，或是聽到別人問我們這個問題。然而，幸福可能是最無法持久的情緒狀態，就和夢一樣短暫。

感到鼻子癢時，我們會用手抓一抓，就不再癢了，我們就開心了。然後，我們注意到有一隻煩人的蒼蠅在房間裡飛來飛去，接下來一陣舒爽的涼風從窗戶吹進來，某個水龍頭沒轉緊，不停滴水。我們的一天經常是在這樣的時刻中度過。我們的幸福感在轉瞬間消失。意義、使命感、投入、關係和成就也同樣稍縱即逝。我們伸手去抓它們，但它們一溜煙就從我們的指縫間溜走。

我們總認為，在追求上述六個實現因子的過程中，假如我們能在我們的選擇、努力和所冒的風險，以及得到的報酬之間，創造一種等式，就會得到持久的自我實現感，彷彿這個世界既公平又公正。我們提醒自己，我想要這個東西，我為了它而努力，我的報酬會和我的付出相當。換句話說，是我贏得（earn）了這個東西。

這個簡單的動態關係，描述了我們一生大部分的奮鬥過程。但我們將會看到，這個想法對於無悔人生（earned life），提供了一個不夠完整的圖像。

相對於自我實現，人生的另一個極端情緒是懊悔。

凱薩琳·舒茲（Kathryn Schulz）在二〇一一年做了一場以「懊悔」為題的精采TED演說

---

1. 我刻意把健康和財富排除在實現因子名單之外。這兩項當然也是我們主要的人生奮鬥目標，不過我的假設是，如果你正在讀本書，代表這兩個目標已經佔據你成年人生的大部分時間，而它們已經在你的掌控之中了。當你照鏡子或是看著銀行存款餘額時，你會對自己說，「我的狀況還不錯。」更重要的原因是，假如你需要減重、健身或致富，我相信你可以從其他的地方找到更好的忠告。

。她提到，「當我們認為，如果在過去做了不同的事，現在一定會更好或是更快樂，這種感覺就是懊悔。」懊悔是主控力（我們的懊悔是自己造成的，不是別人強加在我們身上的），和想像（我們想像自己在過去做了不同的選擇，那個選擇帶來了一個比現在更好的結果）的邪惡混合物。

懊悔完全在我們的掌控之中，至少我們可以決定，要讓它在我們的生活中出現多少次，以及讓它逗留多久。我們要選擇一輩子被它折磨，或因它而困惑（就像我的朋友理查一樣），還是將它放下，向前進？雖然我們心裡知道它不會放過我們，我們將來一定還會有懊悔的事。

懊悔並非只有一種，而是像男性襯衫，有小、中、大、加大和特大之分，或是更大的尺碼。先說清楚，我不打算在本書探討意外失誤之類的小遺憾，像是一時失言冒犯同事之類的事。這種令人後悔的失禮，用真誠的道歉通常就能解決。我也不想討論中等懊悔，像是驅使舒茲做一場TED演說的刺青事件。當她離開刺青店時，心裡不斷自問，「我到底在想什麼？」她後來終於想開了，甚至得到教訓。她體會到這個令她後悔的決定，對她造成了什麼傷害，以及她「沒有買刺青保險」。然後她向自己承諾，以後要做得更好。

本書要探討的是，超級巨大的存在性懊悔（existential regret）。它是改變我們的命運，並在我們腦海中揮之不去的那種懊悔，像是決定不生小孩，直到為時已晚才開始後悔；任憑我們的靈魂伴侶從我們身邊溜走；因為懷疑自己的能力而婉拒夢寐以求的工作（雇主反而比我們更相信我們的能力）；求學時期沒有好好認真學習；退休後才發現，自己應該用更多閒暇時間培養工作以外的興趣。

要避免存在性懊悔發生很困難，但並非不可能，只要我們願意專注於自我實現。當我們對各種機會保持開放態度，能夠幫助我們避免懊悔，即使那時我們認為，自己已經很幸福，且實現自我了。

保持開放的態度

就我所知，要實現自我，最簡單的工具就是對於自我實現保持開放的態度。讀過我其他著作的讀者會知道，我無法掩飾我對艾倫·穆拉利（Alan Mulally）的崇拜。我認為艾倫是所有人的榜樣，他創造了實現自我而且零懊悔的幸福人生。

二〇〇六年，福特汽車公司（Ford Motor）邀請當時擔任波音民用飛機集團（Boeing Commercial Airplanes）執行長的艾倫，去擔任他們的執行長。波音是艾倫唯一待過的公司，針對離開波音的利弊得失，艾倫請我給他一些建議。我曾經是艾倫的教練，所以我覺得自己有超然客觀的立場，可以給他忠告。我知道他是一位極為傑出的領導人，也相信他能勝任任何一個高階職務。我也知道，有很多公司想挖角他，雖然在這些公司當中，沒有幾家有足夠的吸引力或挑戰性，使他願意離開波音。要想吸引艾倫，必須是千載難逢的大好機會，而讓福特公司起死回生正是這樣的機會。我再次提醒艾倫一個我曾經給他的忠告：保持開放態度。

艾倫最初婉拒了福特的邀約。不過他保持開放態度，持續蒐集資訊，想要了解使這家汽車大廠恢復活力的必要條件是什麼。他從所有的角度來思考這個工作機會（這是他的長處之一）。幾天後，他接受了福特的邀約。透過這個決定，他繼續專注於以開放的態度，創造更極致的自我實現，而不只是避免懊悔[2]。

然而，懊悔是本書的次主題。我曾經考慮把書名訂為「懊悔解方」（The Regret Cure），但我後來認為，那個書名具有誤導作用。當我們做了不智的選擇，後來發現自己鑄成了大錯，懊悔之情就會不斷湧上心頭。我們應該要避免讓這種情況發生，但也要隨時提醒自己，我們無法徹底杜絕這種情況（我們也不該這麼做，因為懊悔很有教育意義：「記住，別再犯了！」）

我們對於懊悔的官方態度是，承認懊悔是無法避免的，但要盡量減少發生的機率。當我們要在這個複雜的世界實現自我，懊悔是一個扯後腿的討厭傢伙。本書的主旨是創造一個

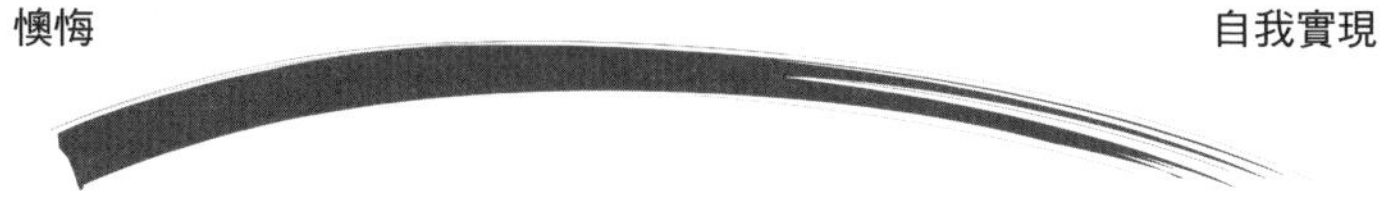

自我實現的人生，也就是我所謂的「無悔人生」。

你的人生落在哪一點？

本書的一個主軸概念是，在以「懊悔」和「自我實現」為兩端的光譜上，我們的人生會落在中間的某一點，如上圖所示。

如果能夠選擇，我確信所有人都寧可用多一點的時間，使自己向右端靠近，而不是向左端靠近。為本書做研究期間，我在我的專業領域中，邀請各種身分背景的人告訴我，他們認為自己落在這個光譜的哪個位置。這算不上是嚴謹的科學研究，但我很想知道，什麼因素會促使人們把自己放在更靠近自我實現，而不是懊悔的那一端，以及他們認為自己有多麼靠近自我實現。

我詢問的對象全都是按照社會標準，顯而易見的人生勝利組。他們擁有健康的身體和輝煌的成就，也擁有伴隨成就而來的地位和財富，而且受人敬重。

2.在艾倫擔任執行長的七年之間，福特的股價提高了一八三七%。更重要的是，在這家沒有工會的公司，他得到了百分之九十七員工的認可。

我估計他們大多數人會把自己放在非常靠近最右端的地方。所有的跡象顯示，他們應該擁有近乎完美的自我實現。

我想錯了。事實是，沒有人真正了解別人的抱負有多大，也因此，沒有人真正知道別人的失落和懊悔到底有多深。即使是我們自認很了解的人，我們也無法假設或預測，他和自我實現或懊悔的關係是什麼。左上是一位名為岡瑟的歐洲執行長的答案，他是同行中的佼佼者，但他依然被懊悔淹沒，因為他覺得他為了事業忽略了家人。

當我請岡瑟評估他自我實現的程度時，在他看來，即使他在傳統的成功指標拿了高分，這成就依然抵不過，他認為自己是個失敗的父親和丈夫帶來的失落。失敗淹沒了他的成功，彷彿他用一輩子贏得的，是錯的獎賞。

我的另一個客戶艾琳也是如此。在我眼中，她是個能呼風喚雨的高成就者，我想她必定因此對自己感到非常滿意，鮮少有遺憾。艾琳十一歲時從奈吉利亞移民到美國，取得土木工程的高等學歷，並擁有特殊專長，這使得她成為摩天大樓、橋樑、隧道，和其他大型工程炙手可熱的顧問。她五十歲出頭，婚姻幸福，兩個孩子正在上大學。在她所屬的行業，非裔移民非常罕見，她可能是唯一一人，這代表，她的事業基本上是靠她自己殺出一條血路的。我很佩服她。我當了她的教練六年，而我認為，我知道她心中有哪些夢想和使她憤慨的事。

因此，她對自我的悲觀看法讓我嚇了一跳。

她的遺憾怎麼可能大過自我實現？她說，她對自己的人生有「基準程度的滿足」，「我沒什麼好抱怨的」，然而，她心中卻有滿滿的懊悔。令她懊悔的不是她得到了多少成就，而是她的成就遠遠少於她認為自己能做到的。不論她做什麼，她始終無法擺脫自己「沒有實現所有潛能」的想法。

令她懊悔的是，當她承接的專案，收費足以支付經常開支和員工薪水之後，她就會鬆懈下來，不再尋找新的生意。她很納悶，當時自己為何不雇用更多人同時管理多個專案，讓她可以騰出手去開創新的生意？「大家都認為我是個狠角色，」她說，「但其實，在光鮮亮麗的外表下，我只是個軟腳蝦。大多數的日子，我覺得自己是個冒牌貨，不值得人家付我那麼多錢、給我那麼多讚賞。我總是害怕會被拆穿。」

很顯然，她和我還有很多次的教練會談要進行。

我這個調查固然相當隨意，而且不夠科學，但是每當有人給我類似岡瑟和艾琳的答案時，我總是感到吃驚。那些被視為自我實現模範生的人，其實一直被無窮盡的懊悔折磨。

本來，我預期他們所有人會和李奧納德差不多。李奧納德是一位華爾街證券交易員，他在四十六歲被迫退休，因為他使用的高槓桿交易方法，與二〇〇九年頒布的陶德—法蘭克（Dodd-Frank）金融改革法案相抵觸。左上是李奧納德的答案。

我原本確信，李奧納德對於事業被迫提早結束會很不滿，而他的不滿會轉化成很深的悔恨。但很顯然，事實並非如此。我問他為何沒有悔恨，他明明還這麼年輕，還大有可為。

他說：「我是個很幸運的人。一位統計學教授曾經對我說，我有一點天分。我能在腦海中看見收益和利率的變化。於是我去做債券交易，在這個領域，我能用我的小小天分賺一點錢。我後來到一家公司，這家公司的酬庸方式是純獎金制。如果我有獲利，我分到的獎金會按照合約計算，精準到美分（penny）；如果沒有獲利，我就出局了。我每年都有賺錢，而且從來不覺得公司少付或訛詐了我。我拿到的正是我應得的，不多也不少。因此，我覺得一切都是我掙來的。回顧過去，我覺得很滿意，甚至覺得滿足，因為我還保有那些錢。」他一邊說，一邊大笑，顯然對於自己的好運感到訝異和開心。

他的論述扭轉了我對華爾街的印象。多年來，我對華爾街人士一直有一種偏見。我認為他們這些聰明人是勉為其難地進入金融界，他們之所以從事這個行業，不是因為他們覺得股市很有意思，而是因為他們可以輕輕鬆鬆致富，年紀輕輕就退休，把餘生用來做他們真正

想做的事。他們願意犧牲人生的黃金歲月，從事他們不一定熱愛，但很好賺的工作，以便獲得財務獨立和舒舒服服的生活。

李奧納德使我發現我錯了。他熱愛證券交易的工作，他做起來駕輕就熟，這給了他更多機會發揮所長，證明他確實善於此道。他進入這個靠著傑出表現就能獲得豐厚報酬的行業，並不是為了報酬，而是為了這份工作本身。他的自我實現感，源自他證明了自己是這個行業的明星，並因此能為家人提供優渥的生活。我以醫生為患者做年度健檢的姿態，請他給自己的六個實現因子打分數，結果，每個項目都在他的掌控之中。他一直把財務保障視為目標，因為他想保證家人和父母親的生活一無所缺。因此他在使命感、成就和意義的項目都達標了。

他的投入是滿分，他考慮了一下之後說，「或許超標了」；他熱愛從事證券交易；他的夫妻關係和親子關係都很穩固（他的孩子已經成年）。他說，「我很驚訝，我的孩子到現在還願意來找我玩。」退休十年之後，他把合理比例的財產捐出去，還利用專業能力，為別人提供義務性的財務諮詢。我根本不必問他是否幸福，因為答案已經寫在他的臉上了。

瑞德・海斯（Red Hayes）在一九五〇年代寫了一首經典鄉村歌曲《心滿意足》（Satisfied Mind）。他說，這首歌的靈感來自他的岳父。有一天岳父問他，他覺得誰是全世界最富有的人，瑞德說了幾個人的名字。他的岳父說：「你都猜錯了。心滿意足的人，才是全世界最富有的人。」

我發現，李奧納德是一個心滿意足的有錢人——他有最高的自我實現和最少的懊悔。他是怎麼辦到的？

那些應得的，和僥倖得到的

我們對無悔人生的操作型定義是：

當我們在每時每刻所做的選擇、所冒的險，以及付出的努力，都與我們人生的總體使命感一致（不論最後的結果如何），我們就擁有了無悔人生。

在這個定義中，最折磨人的部分是「不論最後的結果如何」。它違反了我們在現代社會中，對「達成目標」的認知——設定目標，努力不懈，贏得報酬。

每個人在內心深處都知道，哪些成功（不論大小）是我們應得的；哪些是僥倖得到的。我們也知道，這兩種結果帶給我們的感覺，有什麼差別。

應得的成功給我們一種「必然是如此」和「公平」的感覺，我們隱約有一種如釋重負的感覺，知道我們的成功沒有被意料之外的突發因素奪走。

不應得的成功一開始會讓我們覺得鬆了一口氣和不可思議，但後來會讓我們有一抹不舒服的罪咎感，覺得自己純粹只是走狗屎運罷了。那是一種不夠暢快的滿足——一種不好意思的「好險」，而不是雙手握拳做出勝利姿勢。

這也可以解釋，為何經過一段時間之後，我們往往會在自己的腦海改寫歷史，把走狗屎運的成功，變成我們靠著自己的能力和努力贏得的成果。我們會覺得，自己站在三壘，並且堅稱自己揮出了一支三壘安打，而實情是，外野手的失誤使我們能夠從一壘跑到三壘。我們玩這個修正主義式的心智遊戲，來掩蓋「我們的成功缺乏正當性」的事實，印證了知名作家懷特（E. B. White）的犀利觀察：「在白手起家的人面前，千萬別提『運氣』兩字。」

相反的，真正掙來的東西有三個條件：

- **我們根據事實和清楚的目標，做出最好的選擇**。換句話說，我們知道自己想要什麼，以及需要付出多少努力。
- **我們接受伴隨而來的風險。**

● 我們做了最大的努力。

這個由選擇、冒險和竭盡全力所形成的神奇組合，會催生出一個光明美好的概念：「贏得的報酬」。這是個人人都信服的概念。對於我們追求的每一個目標和想要擁有的好行為，這個概念可以提供完美的解答。我們被期待要「贏得」收入、大學學歷，以及他人的信任；我們必須掙得健美的體態；我們必須贏得他人的尊重，尊重不是憑空得來的東西。我們這一生努力的各種目標也是如此：從位於角落的辦公室、孩子對我們的愛、一夜好眠，到名聲和品格，都必須透過選擇、冒險和竭盡全力來贏得。這也是我們為何如此珍惜應得的成功。窮盡一切力量、智慧和意志力，取得我們認為我們想要的東西，這是一種英雄般的行為。

不過，「贏得的報酬」這個概念不論多麼帥氣，也沒有涵蓋我所謂的「使命感」。它無法幫助岡瑟（前述的歐洲執行長）得到自我實現的感覺。他一生的事業由一連串不間斷贏得的報酬所組成，他不斷向越來越困難的目標挑戰，並且一次又一次地達成目標。但那些贏得的報酬只存在於職場，不存在於家庭裡。那些報酬完全無法防止懊悔將他淹沒，他依然為失敗的家庭生活深深懊悔。那些報酬也無法累積成一個無悔人生。

艾琳也是，她並沒有從一長串亮眼的成就得到滿足。每一個重大的成功，似乎只是讓她質疑自己的動機和投入程度：她可以，也應該更努力一點才對。

在許多情況下，選擇、冒險和竭盡全力這三件事的結果，並不是「公平且公正」。除非你活在童話故事裡，否則你會知道，人生不會永遠公平。人生打從一出生就不公平：你的父母是誰、你在哪裡長大、你受哪些教育，以及許多其他的因素，而絕大多數的因素都不在你的掌控之中。有些人含著銀湯匙出生，有些人含著土湯匙出生。有時候，我們能透過睿智的決定和竭盡全力，扭轉與生俱來的劣勢。即便如此，人生的不公平依然能讓你受傷，例如，你明明是最完美的人選，但最後被錄取的卻是某人的外甥。

你可以努力把每件事做對，但這不保證最後的結果對你一定是公平、公正的。你可以心懷苦毒、憤恨地抱怨說，「這不公平」。又或者，你能夠以寬大的心胸，接受人生中令人失望的事。不論如何，不要期待每次朝著目標努力之後，一定能得到應有的報酬，你得到的結果，不會每次都像你所希望或認為應得的那樣。

我之所以對於「贏得的報酬」這個概念不太有信心，還有另一個原因。簡言之，這個概念無法持久，且太過脆弱，無法承載我們對於無悔人生的願望和渴望。贏得的報酬讓我們感到振奮的時間很短暫，稍縱即逝。在我們感受到幸福的那一刻，幸福就開始悄悄從我們手中溜走。

等了很久的升遷到手之後，我們立刻急忙慌張地把目光投向下一個晉升目標，彷彿我們努力了這麼久才掙來的成果，已經開始讓我們感到不滿足。我們為了競選辛苦了好幾個月，勝選之後，草草慶祝一下，又立刻投入選民服務了。這個奮鬥剛結束，下一個奮鬥就開始了。不論我們贏得了什麼獎賞，或許是驚人的調薪、成為合夥人、使你樂不可支的績效評估結果，慶祝勝利之舞總是很短暫。自我實現和幸福的感覺就是無法持續太久。

我並不是說，贏得的報酬，以及為了得到這些報酬所投入的精力，是沒有價值的。設定目標，並贏得想要的結果，是取得成功的關鍵第一步。令我質疑的是，當它與我們生命中更崇高的使命感脫節，就無法實質地幫助我們獲得無悔人生。

這個原因使得李奧納德這位華爾街證券交易員，能擁有自我實現的感覺，而其他更幸運、更有成就的人卻辦不到。李奧納德加入金錢遊戲，並不只是為了賺錢。他的努力是為了一個更崇高的使命感，那就是要保護和照顧他的家人。贏得的報酬若沒有與更崇高的使命感連結，就只是一個空洞的成就，好比一個籃球員一心只想維持他的平均得分佳績，而不想做出巨大的犧牲（例如控球、搶籃板球、防守對方最厲害的球員），幫助球隊險勝，並贏得冠軍。

在本書中我們將會看見，想要無悔人生，只要做到以下幾件事：

- **活出自己的人生，而不是按照別人的版本而活。**
- **告訴自己每天都要「贏得」一些東西，把它變成習慣。**
- **超越個人抱負，把這個贏得的過程與更崇高的東西連結。**

最後，無悔人生不包含頒獎儀式。活出無悔人生的獎賞，就是永遠活在贏得這種人生的過程中。

我必須做出抉擇

本書寫於新冠疫情爆發期間。我和我的太太萊達住在南加州太平洋海岸邊的一個出租公寓裡，只有一間臥房，與世隔絕。我們在聖地牙哥北邊的聖塔菲牧場住了三十年，我們剛賣掉房子，想搬到納什維爾去，和我們的雙胞胎孫兒艾佛瑞和奧斯汀住在同一個城市。結果，我們在這個海邊公寓住了十五個月，才得以離開。

這本書和我其他的著作不同，它不只受到我的教練對象的啟發，並以他們為例子，這次我也用了我自己的例子。在這個人生階段，我還沒有實現我想做的每一件事，但我剩下的時間已經不多，因此，我必須做出抉擇。我必須放下年輕時的夢想，不只因為時間有限，也因為那些夢想不再吸引我。

本書是我對於未來的省思。我現在知道，省思永遠不嫌晚，只要還有一口氣，你就還有時間；但省思也永遠不嫌太早，其實，越早越好。我所盼望的是，不論你是什麼年紀，你一邊省思你為自己打造的人生，一邊從本書帶走一些重點，然後根據你的省思做出選擇。

書中有我的許多真誠內省，關於曾經幫助過我的人，以及他們教過我的東西；書中有我的許多真誠內省，因為新冠肺炎疫情的關係，十八個月的疫情讓我「賺到」了很多東西；書中有我的許多真誠內省，還因為在我目前的人生階段，我面對存在性懊悔的機會正在不斷增加（這在意料之中）。

理由很簡單，年輕的時候，我每十年或二十年會展望一次未來，決定我該怎麼做選擇，那時候的我，覺得時間永遠用不完。但現在，那不再是最明智的選項。我或許可以再活三十年，活到一百歲，但我不能篤定認為那一定會發生，我也不知道我能否一直保有健康的身體，或是那個時候還有哪些朋友還在世。

我在世上的時間越來越少，所以我必須把還沒有完成的人生待辦事項，做個總盤點，加以分類。哪些項目已經不可能辦到了？哪些項目似乎已經不再重要？有哪兩、三個項目是我非做不可，如果不做一定會懊悔不已的？我想要用我剩餘的時間，獲得最大的自我實現，以及盡量減少懊悔。

寫這本書是我必須做的其中一件事。我盼望你能從中獲益，希望它能教導你如何善用你的時間，讓你此生毫無遺憾悔恨。

暖身練習

「贏得」對你的意義是什麼？

試想一下人生當中的某個時刻，它使你毫無疑問地認為，你想完成的事與你最後得到的結果，是完全一致的。那一刻或許只是，你希望在代數這個科目拿到Ａ，然後開始用功讀書；那一刻或許是，你提出了一個絕妙的洞察，立刻解決了一個讓所有同事卡關的問題，於是你的同事從此對你另眼相看；又或許是，某個涉及多個變動因素的成就：創業、寫一個劇本並把它賣掉、開發某個產品並讓它上市。

這些都是「贏得」某個事物的活動，它獨立存在，且與某個明確的目標相關。但願這個成功的感覺帶給你足夠的滿足感，使你想要再次這麼做。贏得的報酬累積而成的人生，就是這樣形成的，你一次達成一個目標，如此不斷地進行下去。不過，總和不一定大於部分。一連串贏得的報酬加總起來，不一定帶給你無悔人生。

請你這樣做

把那種贏得某個事物的感覺放大，把它和某個偉大的目標連結——某個值得你用餘生追求的目標。從你人生的總體使命感，挑一個出來。或許你想贏得的事物與某種靈修方式有關，你希望你能平穩地成為一個靈性越來越高的人；或許它是一種比較有遠見的目標，像是創造某個可以造福後代、遺留後世的東西。

又或許它是某人樹立的典範，那個典範激勵你成為一個更好的人（例如，《搶救雷恩大兵》〔Saving Private Ryan〕結尾讓人難以忘懷的一幕。湯姆．漢克〔Tom Hanks〕飾演的約翰．米勒〔John Miller〕上尉，為了雷恩犧牲自己的生命，他在臨死之前向雷恩低聲說：「活出生命的價值。」）

你有無數的選項，但過程是相同的：一、做出選擇；二、接受風險；三、拼盡全力達成目標。唯一的差別是，你的努力不是為了得到物質回報，而是你人生的某個總體使命感。這雖然是重頭戲開始之前的暖身練習，但它一點也不輕鬆。不論在哪個年紀，大多數的人都不曾想過，要找出更崇高的人生使命感，因為我們的腦子時時刻刻想的是，要如何滿足世俗生活的日常要求。

請記住：這個練習不是測驗，你的答案也不是綁死的（它可以隨著你的改變而變動）。重點在於，你努力找出答案所做的嘗試，不論你的努力是不是徒勞無功，或是遇到重重困難。現在，你已經準備好，可以展開接下來的旅程了。

第一部

選擇你的人生

01 每一次呼吸典範

當釋迦牟尼說：「每一次的呼吸，都是新的我。」他並不是在使用比喻，他指的真的是字面上的意思。

佛陀想教我們的是，人生的進程就是，時時刻刻不斷地由過去的你，變成現在的你。在某一刻，你可能透過你的選擇和行動，經歷到喜樂、幸福、悲傷，或是恐懼，但那個情緒不會存在太久。隨著你每一次呼吸，這個感覺會起一些變化，最後完全消失。它是過去的你的感受。你希望在下一次呼吸、明天，或是明年發生的事，將由另一個你、未來的你來經歷。在過去的你和未來的你之間唯一重要的，是此刻做了一次呼吸的你。

我先假設，佛陀所說的是對的。

那並不代表，你必須放下你的精神信念，或是該改信佛教[3]。我只是希望你能把佛陀的洞察，視為一個新的典範，用它來思考你和流逝的時間，與活出無悔人生的關係。

佛教的一個核心概念是無常——我們此刻擁有的感覺、想法和物質財產，不會一直存在，這些東西有可能在一瞬間消失，就在我們一呼一吸之間。我們根據經驗知道，這的確是事實。不論是我們的自我約束力、動機，還是好脾氣，都無法維持很久。它們說來就來、說走就走。

儘管如此，我們還是很難把無常視為理解人生的合理方式，我們很難接受，我們的身分和人格的統一性與獨一性，全是虛幻的。西方典範一直在否定無常，而我們在孩子還小的時候，就把西方典範灌輸給孩子，成為孩子根深蒂固的想法。事實上，西方典範是個童話故事，結局永遠相同：他們從此以後過著幸福快樂的日子。

西方典範的重點永遠是為了創造更好的未來而努力，並相信會得到兩個結果：一、不論我們做了多少改進，我們基本上仍是同一個人（只是變得更好而已）；二、這次會和過去不同，這次的改進可以維持很久，它會永久解決那個讓我們傷腦筋的問題。這樣的邏輯就像是，用功讀書在數學這個科目拿了A的成績之後，就認為自己一輩子所有的學科都會拿A；或是認為你的性格是固定的，所以你永遠無法改變；或是不斷上漲的房價永遠不會跌下來。

「當……的時候，我就會得到幸福。」是一種嚴重的西方病。我們普遍用這個思維說服自己，當我們升上那個職位、開一輛特斯拉（Tesla）、吃完一片披薩，或是實現了某個最近或很久以來的願望，我們就會得到幸福。可以想見，當那些勝利徽章好不容易拿到手之後，新的目標就會冒出來，迫使我們貶低那些徽章的價值，同時燃起鬥志，開始追逐下一個徽章，然後是再下一個徽章。我們想要在組織裡爬上更高的位階；我們想要續航力更強的特斯拉；我們點了另一片外帶披薩。我們墮入了佛陀所說的「餓鬼」道，一直吃東西，卻永遠吃不飽。

這樣的日子活得很累，因此，我極力想提出另一種觀點——尊崇現在，而非過去或未來。

當我向客戶說明「每一次呼吸典範」時，他們因為已經習慣設定目標，並達成傑出成就，所以需要花一點時間，才能接受新觀念，把現在看得比過去和未來更重要，不再從懷念過去的成功來肯定自己，或是急忙追趕下一個充滿雄心壯志的目標。向前看是他們的第二天性，他們也很習慣向後看，並為過去的成就感到自豪。令人驚訝的是，對他們來說，此時此刻似乎不是那麼重要。

我一點一點地調整他們的心態。當他們為了最近或很久以前搞砸的事情責備自己，我會說「停下來」，然後請他們不斷重述：「**那是過去的我，現在的我沒有搞砸那件事，所以我為什麼要拿過去的錯誤，來折磨現在的我？現在這個我並沒有犯錯。**」接下來，我要他們用手做出把東西趕走的動作，然後跟著我說：「把它放下。」

這個例行動作似乎很蠢，但效果很好。他們不僅開始認為，反覆回想過去是沒有營養的事，同時開始擁抱一個撫慰心靈的念頭：做錯事的是別人——過去的自己。他們可以原諒那個過去的自己，並向前邁進。與新客戶的前幾次教練會談，我們可能需要在一個小時內重

3.我十九歲時開始接觸佛教，不是因為我想改信佛教，而是因為它能把一些觀念講清楚。我在青少年時期充滿好奇心，腦袋裡裝滿了自己還想不清楚的東西。我找上佛教是為了確認和釐清一些事情，而不是為了改變信仰。經過多年研究，我才確立了「我每一次呼吸典範」（Every Breath Paradigm）（這是我取的名字，不是佛陀取的）。我後來才把它用在客戶身上。那時，我受過的西方訓練無法讓企業主管改變他們在職場的問題行為。這些主管一輩子沉浸在西方典範裡，緊緊抓住過去的成功，將那些戰績視為證據，證明他們不需要改變行為，也能繼續創造更多的勝利。「假如我真有那麼糟，那我是怎麼成功的？」他們會如此爭辯，而完全不考慮一個可能性：「他們有問題行為，但還是成功了。」他們總認為，「他們的成功源自那些問題行為」。讓他們透過佛陀的教導，學習區分過去的自己和現在的自己，是我逆轉勝的絕招，以確保他們下一次的成功是發生在行為層面，而不是技術或知識層面。

複六次這樣的動作，但他們最後都能學會。他們通常是在某個關鍵或緊張時刻終於體會到，「每一次呼吸典範」不僅在工作上有用，在日常生活中也很有用。

十年前，我擔任一位高階主管的教練，他當時四十出頭歲，是一家媒體公司任命的下一任執行長，我們姑且稱呼他邁克。邁克天生的領導能力，使他沒有一般的長字輩領導人常見的問題，也就是那些聰明、積極、少承諾多做事的人會有的問題。但他做事不夠圓融，這是我使得上力的地方。

在有需要的時候，邁克可以當個萬人迷，但是對於沒有太大利用價值的人，他會顯得漠不關心，或是忽視對方。他有超強的說服力，但是當別人沒有馬上承認自己錯了，而他是對的，他有時會顯得盛氣凌人。他對自己的成就太過自滿，一副自我感覺良好的樣子，很討人厭。他覺得自己很特別，而且絕不讓別人忽視這件事。

對人漠不關心、幾乎不犯錯、自我感覺良好。這些不是致命的缺點，不過，這些看法是同事和部屬的三百六十度反饋，反映出來的議題。我把這樣的意見與他分享。他很有雅量地接受批評，並且在不到兩年的時間（透過一對一教練）改變了行為，他對此感到滿意。更重要的是，他的同儕也認為他的行為改變了（你的行為需要產生極大的改變，才能讓別人稍微注意到一點點）。

邁克成為執行長之後，我們依然維持朋友關係。我們每個月至少通一次電話，聊聊他的工作，後來也慢慢開始聊他的家庭生活。他和老婆在大學相識相戀，他們有四個孩子，全都已經離家獨立。他們的婚姻很穩固，但他們的關係曾經很緊張，當時邁克全力拼事業，孩子全靠老婆（雪莉）一個人照顧。雪莉覺得邁克只關心自己，完全不管家裡，因此對邁克有很深的怨懟。

「雪莉的想法有錯嗎？」我問邁克，同時向他點出，如果他在職場被別人認為他很冷漠、覺得自己最大，那麼他在家裡可能也是這樣。

「可是我已經改變了，」他說。「連她也願意承認，我已經改變了。我們現在的關係比以前好多了，她為什麼就是不能放下？」

每一次呼吸都是逝去與重生

我把「每一次呼吸典範」解釋給他聽，並且強調，西方人很難相信，我們不是由骨頭、肌肉、情感和回憶形成的一個統一的整體，而是不斷穩定擴張的無數個自己，每一次呼吸就有一個自己逝去，同時有另一個自己重生。

我對邁克說：「當你老婆想起她的婚姻，她無法把過去的邁克和眼前這個老公分開。

對她來說，他們是同一個人，一個永恆不變的人。我們所有的人如果不留意，也很容易會這麼想。」

邁克很難接受這個觀念。我們後來偶爾會聊起這個觀念，但他無法把自己想成一系列不斷生成的邁克，一年發生近八百萬次（一個人一年的呼吸次數大概是八百萬次）。這個概念與他擁有的自我形象，也就是他投射到世界的那個事業有成、飛黃騰達的邁克，互相矛盾。我不怪他。我給他的是一個新的典範，不是一個隨隨便便的建議。每個人都是用自己的步調來理解事情。

我和邁克現在還是經常聊到這個概念，他現在依然是執行長。但在二〇一九年夏天，他突然打電話給我，興奮地向我宣布，「我懂了！」我完全不知道他指的是什麼，但我很快就意識到，他終於弄懂了「每一次呼吸」的概念。他提到他前天和雪莉的對話。他們與孩子、孩子的伴侶，以及朋友，一起在他們的渡假小屋度過國慶日連假。那是個熱鬧、開心的週末。在開車回家的兩小時路途中，邁克和雪莉回味著那個週末的美好時刻，感到心滿意足。孩子們很懂事，幾乎包辦了所有煮飯和打掃的工作。他們的朋友也很投入，幫了不少忙。基本上，他們是在慶幸自己非常幸運，以及子女教育成功。然後，雪莉潑了他一盆冷水。「我真希望在孩子成長的過程中，你有多一點的貢獻。」雪莉說。「大部分的時候，我是孤伶伶一個人。」

「她的話並沒有讓我感到難過或是憤怒，」邁克告訴我。「我轉向她，用非常平靜的態度對她說，『你對於十年前的那個人的看法，一點也沒錯，很多事情他完全搞不清楚狀況。但是，現在車子裡的這個人，並不是那個人。這個人進步了，明天他會變成另一個人，努力讓自己變得更好。還有，過去那個受苦的女人，和我眼前這個女人也不是同一個人。你用一個已經不存在的人所做的事來責怪我，那是不對的。』」

車子裡有十秒鐘的靜默，邁克感覺如坐針氈。然後，雪莉向他道歉，並說：「你說得對，我需要學習這個觀念。」

邁克用了很多年的時間，再加上一個緊張萬分的情況，一個讓佛陀的教導充分展現的情況，才搞懂「每一次呼吸典範」。他的老婆只花十秒就懂了。這兩種時間表我覺得都很好，只要能幫助人得到頓悟，我都很開心。

若你從事的是幫助別人改變的行業，你會很容易接受「無常」這個概念。若沒有這個概念，我就失去了使命感，也不會有現在的事業。當你能夠接受，世上一切都像花朵，有盛開的一日，也有凋謝的時候，你就同時接受了一個觀點，這個觀點不僅適用於世俗的成就和地位，也適用於你的個人發展：你知道你不需要把過去的你，和現在的你或是未來的你綁在一起。你可以放下過去犯的錯，繼續向前行。

一再贏得珍視的事物

或許你會說，馬歇，虛無縹緲的靈修課可以下課了，你所說的每一次呼吸典範，和活出無悔人生有什麼關聯？

這個關聯非常直接，就像打開電燈開關，就會讓黑暗的房間充滿光亮一樣。假如我們認為，我們贏得的有價值的所有事物（小至老師的稱讚，大至個人聲譽和人與人之間的愛），無法永久存在，隨時可能發生變化或消逝，我們就必須接受，這些我們擁有且珍視的事物，需要一再地重新贏回來，可能每天或每小時就要做一次，或許每呼吸一次就要做一次。

提醒客戶不要再用過去的失敗折磨自己（「那是過去的你所做的事，是時候把這件事放下了。」），或許是我能實質幫助他們的一個部分。但我想，同樣重要的是相反的情況：當客戶覺得，他需要把過去的輝煌成就說一遍給我聽時，我同樣需要給他這個提醒。這種情況在退休運動員和卸任執行長身上，最為明顯，因為他們離開了鎂光燈，卻暫時還找不到下一個人生舞台。當他們細數往日的榮耀，不論是十五年前贏得的金牌，或是六個月之前離開轄下有兩萬名員工的大公司，我的職責是把他們拉回現在，提醒他們，他們已經不再是那個令人崇拜的運動員，或是呼風喚雨的執行長了。他們所講的是另一個人。

這就像是你狂熱地用社交媒體追蹤某個名人，並且把自己的人生投射在那個名人身上一樣。那個名人不知道你的存在，也不在乎你是否存在，你們彼此並不相識。你不斷回顧過去的你所創造的光榮成就，也差不多是如此。這並不表示，你當時努力贏得的榮耀、關注和尊敬並不存在，只不過，那些東西已經退去了。回顧往日的成就，所展現的不是自我實現，而是懊悔的悲嘆，怨嘆那些榮耀無法長存，無聲無息地消逝無蹤。

我們無法靠著沉溺在自己過去的豐功偉業，重新找到那種自我實現感，只能靠著此刻的自己、每一刻的自己，一再地贏回那種自我實現感。籃球教練「禪師」菲爾．傑克森（Phil Jackson）在一九九〇年代中期，曾經帶領芝加哥公牛隊（Chicago Bulls）連續兩年贏得NBA總冠軍，後來又在一九九八年拿到第三個冠軍戒指。他曾說：「你的成功只存在於獲得成功的那一瞬間，如果你還想要成功，就要再努力一次。」

實情是，我們的人生永遠在努力中。我們無法訂出一個時刻，告訴自己「夠了，可以停了。」說得直白一點，那和死了沒有兩樣。

練習

兩封信

這個練習的對象是，理智上明白每一次呼吸典範的道理，但還沒有練出肌肉記憶，可以不假思索、自然地把它用出來的人。這些人還沒有辦法在過去和現在的自己之間，創造一道心理上的牆，使這種區別變成他們的自然反應。他們仍然認為，自己有某個看不見、摸不著的部分，是固定，且不可改變的（或許是他們的本質、精神或是靈魂），而且那個部分定義了他們是誰。當他們把過去和現在的自己混為一談，以為這兩者是可互換的，那麼「兩封信」練習一定可以幫助他們分個清楚。一封信的主題是「感謝」；另一封的主題是「投資於未來」。

第一封信

首先，寫一封信給過去的自己，對於自己過去的某個創作、努力，或是自律行為（最好是自己贏得的，而不是別人給予的東西），表示感謝，因為它使現在的你變得更好。它可以是最近或很久以前的行為。唯一的判斷標準是，這個動作在你的人生中形成了某個分野。

我和客戶做過這個「感謝過去的自己」的練習很多次。一位男性感謝過去的自己在八年前開始吃全素，因為他現在身體健康、渾身充滿活力。一位作家感謝十歲的自己，因為她從那個時候開始養成查字典的習慣，每次遇到不熟的單字，她就會把這個字寫在一個小筆記本上，從中學一直到研究所沒有間斷。她說：「沒有那本小筆記，就沒有我現在的寫作人生。」一位女性感謝自己在六歲時學會游泳，因為她至少有兩次差點溺死。還有一個人感謝十八歲的自己選擇了他所讀的大學，因為他在那裡結識了他的老婆。

這個練習不僅把過去和現在的你分開，同時指出過去的你和現在的你之間的因果關係，而這個因果關係有可能隨著時間的流逝被你淡忘。在滿心感恩與謙卑的時刻，你可能曾經說過「我站在巨人的肩膀上」這種陳腔濫調。這封信可以幫助你，辨識一個可能被你遺忘的巨人——過去的你。

做一次深呼吸，回想一下，過去的你給了現在的你哪些珍貴的禮物？假如有任何一群人曾經給你那麼多美好的禮物，你會對這些人說什麼？請利用這個機會，向過去的自己道謝。

第二封信

現在寫一封信給未來的你，一年、五年、十年後的你。清楚說出你現在需要為將來的你做哪些投資（包含做出哪些犧牲、付出哪些努力、接受哪些教育、如何經營人際關係，以及如何約束自己）。這個投資可以是任何形式的個人發展，像是改善健康狀況、拿到碩士學位、把每個月的薪水提出一定比例來買政府公債等等。把它想成一種慈善行為，只不過，你還不知道受益對象是誰。

這個點子來自美式足球跑衛柯蒂斯·馬丁（Curtis Martin）。早在我與他結識之前很多年，他就已經在用每一次呼吸典範。柯蒂斯會成為職業美式足球運動員，是出於偶然，他一直到升高中那年，才開始練球。他住在匹茲堡一個環境充滿危險的社區，教練說服他，加入球隊每天練球三小時，可以減少在街上冒生命危險的機會。有人曾經把他誤認成別人，對著他的頭開槍，當時因為子彈卡住，他才保住一命。

高中最後一年，每一所知名大學都想爭取他加入，他就近選擇了匹茲堡大學。雖然他在大學期間受傷累累，他的天分依然使他在一九九五年的第三輪選秀中，得到新英格蘭愛國者隊（New England Patriots）的青睞。

大多數的年輕運動員把被球隊選上視為中樂透，但柯蒂斯的第一個念頭是「我不想加入」。一位牧師鼓勵他繼續打美式足球，因為他可以透過美式足球創造自己的人生，實現他想在餘生為他人服務的目標。這個藍圖給了柯蒂斯使命感和動機。他打美式足球，是為了投資於退休後的自己，但那並非一般精英運動員的人生動力。一般的運動員喜歡競爭，一心想在現在得到勝利，並覺得未來的一切會水到渠成。但柯蒂斯的眼光看得很遠。

他在第十一年的球季受了重傷，以美式足球史上第四偉大跑衛的身分退休，僅次於埃米特·史密斯（Emmitt Smith）、沃爾特·佩頓（Walter Payton），和貝瑞·桑德斯（Barry Sanders）。在退休之前，他成立了柯蒂斯·馬丁就業基金會（Curtis Martin Job Foundation），幫助單親媽媽、失能人士和高風險青少年。在他退休的隔天，他已經準備好，迫不及待地一腳跨進他在十二年前為自己投資的未來，展開生命的新篇章[4]。

柯蒂斯的故事是個投資於未來的正面範例。滿心懊悔的執行長岡瑟，則是反面範例。岡瑟工作一輩子是為了賺足夠的錢，好讓他的三個孩子不用像他那樣辛苦工作。這是個天大的錯誤。他的孩子並沒有因為那些錢而感激他，反而因此變成遊手好閒的人。岡瑟犯的錯是：他沒有投資於未來的自己，或成為孩子的好榜樣，他只是打造了禮物，兩者有天壤之別。

投資代表將來會有回報，而禮物則是白白得到、沒有附帶條件的。岡瑟送給孩子的禮

4. 柯蒂斯在二〇一二年美式足球名人堂入主儀式的演說中，有清楚的說明。這個演說一般被認為是美式足球史上最率直、最撼動人心的演說。你可以把它當成範本，寫信給未來的你。

物，不是他的孩子掙來的，也不是他們應得的。岡瑟盼望他的孩子會給他一些回報，但他沒有向孩子表達這個期待。到最後，他的犧牲沒有換來孩子的感激，他也沒有看見孩子創造有價值的人生。

他用電影《桂河大橋》（The Bridge of the River Kwai）片尾的爆炸戲，來比喻自己的懊悔。英國戰俘尼可森中校（Colonel Nicholson）帶領部屬，為日本人建造橋樑，以維持他們的士氣。他後來對這座大橋產生一種扭曲的自豪感，以致於當他發現盟友在橋上安裝炸藥時，還一度試圖破壞盟友的行動。當他最後意識到自己的愚蠢之後，他說：「我到底做了什麼？」然後縱身引爆炸藥，親自摧毀了那座橋。

假如岡瑟曾經寫信給未來的自己，他孩子的人生或許會有不同的發展。第二封信不只是練習寫出你的目標，還要強迫你，把現在出於良善動機的努力，視為對你自己和你最愛的人的一種投資，而你對這些人有最大的責任，要把他們培育成有生產力，而且快樂的人。這不是禮物，你期待要得到回報。

02 是什麼阻礙你創造屬於你的人生？

從二〇〇〇年代初開始，我每年有八天的時間，為華爾街高盛集團（Goldman Sachs）的高階主管，以及他們的頂級客戶，講授領導力課程。我在高盛的聯絡人是馬克・特塞克（Mark Tercek），他是高盛的合夥人，當時四十多歲，掌管集團的訓練課程和在教育領域的投資。馬克是典型的華爾街人士：聰明、有魅力、精力充沛，並且竭盡全力為公司把關，把錢花在刀口上。但他同時非常謙虛、低調和多才多藝。他練瑜珈、吃全素、參加三鐵競賽，而且積極支持環境保護。

二〇〇五年，公司指派他創立，並且管理綠色產業市場集團。三年後，由於馬克對這個領域瞭如指掌，一位在高階獵人頭公司工作的朋友打電話給他，請他為大自然保護協會（Nature Conservancy）的執行長職缺，推薦合適人選。大自然保護協會是美國最大的非營利環保組織。當馬克正在思考幾個人選之際，一個想法出其不意地浮現他的腦海：我要不要毛遂自薦？

他是完美的人選。大自然保護協會實質上可說是慈善界的「銀行」，協會把所得到的基金和捐款，用來購買需要保護的大片土地。財務專業背景是這個職缺的主要條件，恰好是他的專長。此外，他真的很想從事這個工作。他的太太艾咪也支持他的想法，因為她和馬克一樣熱衷支持環保。那時馬克和我已經建立了信任關係，於是我邀請他到我在聖塔菲牧場的住家，讓他遠離公司的影響，用幾天的時間好好思考人生的下一步。

他是否該結束在高盛的成功事業，帶著四個孩子全家從紐約搬到華盛頓特區，管理一個非營利組織？我們聊得越多就越清楚，這是個利遠大於弊的選擇。然而，馬克還是很猶豫，在他要離開我家去搭飛機，飛機起飛之前的幾個小時，他還在煎熬當中。於是我帶他去我家附近的森林步道和騎馬專用道散步，我經常和客戶一起這麼做，進入大自然的懷抱，可以讓人的頭腦變清醒。

儘管缺乏有說服力的理由，馬克還是遲遲難以下定決心，我忍不住問他：「你為什麼不能試試看？又不是決定要不要接受工作邀約，這只是個面談。」

「假如我得到了那份工作，我不知道高盛的其他合夥人會怎麼想。」他說。

這個答案讓我覺得難以置信。我們花了無數時間審視他的事業發展、他的能力、他感興趣的領域，以及他的成就和失落。他把他的成年歲月（二十四年）都給了高盛。他是大自然保護協會執行長的完美人選，減薪對他來說也不造成經濟上的問題（高盛九年前的首次公開募股，使他在財務方面從此沒有後顧之憂）。他沒有理由不去爭取那個職位，然而使他裹足不前的，是他擔心同事會認為他想當個逃兵，擔心同事認為他不夠強悍，無法承受華爾街的嚴苛挑戰。

我在步道上抓住他的手臂，和他面對面。我要他把我接下來要說的話仔細聽進去：「真該死。到底要到什麼時候，你才要開始為自己而活？」

多年來，我曾經給許多高階主管忠告，建議他們何時是離開重要職務的恰當時機。我聽過上百種留在原職位的藉口，這些藉口基本上可分為三個主題：

- **非我不可：**組織現在非常需要我。

- **乘勝追擊：**我們現在勢如破竹，現在離職太早了。
- **無處可去：**我不知道接下來想做什麼。

但我從來不曾聽過，像馬克這種層級的人會放棄夢想中的職位，只因為擔心同儕的想法。我的爆炸一定起了作用，因為馬克隔天就打電話給獵人頭公司的主管，毛遂自薦。不久之後，他就離開高盛，成為大自然保護協會的執行長。我當時並不知道，向馬克爆炸的那一刻，其實是本書和「無悔人生」概念的引爆點。

馬克在大自然保護協會做得有聲有色，十年後，他向我提起我那時向他大吼的事。我那句「真該死。到底要到什麼時候，你才要開始為自己而活？」烙印在他的腦海，時時刻刻提醒他，要忠於為他的生命帶來意義和使命感的事物；做個好丈夫和好爸爸；做出貢獻；拯救地球。（你知道的，就是那些微不足道的小事。）

參照群體的影響

老實說，我已經忘了那天在步道上發生的事。但他這通電話把我拉回他那天的立場，尤其是，他擔心的竟然是同儕對他的看法。我無法理解，馬克對他人看法的擔憂，怎麼可能使他差點放棄那個機會，如果錯過那個機會，他絕對會後悔一輩子。（我們不會因為「嘗試過然後失敗」而懊悔；「完全不曾去嘗試」才會讓我們懊悔不已。）

掛斷馬克打來的電話之後，另一個回憶浮現我的腦海。我想起我的朋友羅斯福・湯瑪士博士（Dr. Roosevelt Thomas, Jr.），他擁有哈佛大學組織行為學博士學位，他重新塑造了美國企業對職場多元性的態度。羅斯福的一個重要洞察是，參照群體（referent group）在日常生活中的影響力，往往被我們忽略了。我剛進入社會時，他和我曾經一同針對那個主題完成一篇論文。不過，後來只有他把這個主題當成一生的志業。

羅斯福主張，我們每個人都會對某個特定的族群，產生理性和感性上的連結。我們現在把這個概念稱作「部落意識」（tribalism），但早在一九七〇年代，用參照群體的觀念來解釋社會動盪和人與人之間的差異，是個突破性的概念。參照群體可能大至某個宗教團體或是政黨，小至 Phish 樂團的粉絲群。我們無法將美國所有的參照群體造冊，因為那會比推特的主題標籤還要多，而且參照群體的數量還在不斷快速增加中。

羅斯福的觀點是，**假如你知道某人的參照群體是什麼人（讓他產生深度連結的事物或人、他最想引起誰的關注和尊敬），你就能理解他的言論、想法和行為。**（同樣的道理，我們大多數人都有反參照群體。我們根據我們反對，而不是我們支持的對象，來決定效忠和選擇誰，不論是民主黨或共和黨、皇家馬德里或巴賽隆納足球隊。我們憎惡的對象對我們的影響力，就和我們喜愛的對象一樣大。）你不需要認同其他參照群體成員的意見，但如果你明白這種群體所發揮的影響力，就比較不會對其支持者的決定感到震驚，或是將他們歸類為「白痴」[5]。

我發現，羅斯福的理論正適用於馬克的情況。我以前誤以為馬克的參照群體是關心社會的一群人，他們吃全素、練瑜珈、關心環保議題——就和他一樣。然而實情是，即使過了二十四年，馬克依然對高盛那群有企圖心、穿訂製西裝、做證券交易的同事，有很深的情感連結。他們的認可對馬克依然很重要。對馬克來說，要他立刻拋下這個參照群體，是極為困難的事，這相當於要求他否定自己的身分認同。這個參照群體的影響力如此巨大，甚至使馬克願意放棄獵人頭公司的那通電話、從天上掉下來的禮物，也就是重新開創嶄新人生的機

5. 我要聲明，我的參照群體是老師。我的母親是個老師，在我的成長過程中，對我有最大影響力的人就是她，因此，我非常認同老師這個群體。我評斷自己的標準是，我是否能夠把我所知道的東西傳授給別人，藉此幫助別人。老師的尊敬是我最看重的，儘管如此，我很少跟人說起這件私事，或是公開談論它。即便是認識我一輩子的朋友，也可能不知道這件事，除非我曾經告訴他。一個人的參照群體就是這麼隱晦，你必須使勁挖掘才能探知。不過，當你發現之後，對於這個你以為你認識的人，你會有截然不同的嶄新認知。

會。

馬克的電話觸發了一個洞察。雖然我很高興，我那句「開始為你自己而活」敲醒了他，但住在我體內的那個老師還是想知道，如果像馬克這麼有衝勁、這麼成功的人，都可能因為他的參照群體而卻步，那麼有多少資源和機會遠少於馬克的人，也會和馬克一樣，基於他們自己的理由而裹足不前？是什麼因素阻礙了他們開創自己的人生？我能做些什麼來幫助他們呢？

好消息是，現代人要開創自己的人生，比從前的人要容易多了。過去，幾乎所有的人從一出生就是次等公民。當時的人沒有投票權，也無法選擇領導人。順從是常規，與眾不同的人就會受到懲罰，不論那與眾不同之處，是我們所愛的對象，還是我們敬拜的神祇（如果有的話）。使人們感到挫折難過的事或許比較多，但他們的懊悔會比較少。如果你沒有決定權，就沒有懊悔的機會。

過去一百年的發展趨勢顯示，我們會繼續取得更多的權利和自由。在世界上絕大多數的地方，人們不再是奴隸，女性有投票權，數億人脫離了貧困，同性戀也不再是禁忌。換句話說，許多人有理由開始變得樂觀。讓我們更有理由樂觀的另一個因素是科技：科技擴大了我們的行動力，使我們能夠取得更多資訊，也使我們能做的選擇倍增。我們有更多的自由、更大的行動力，工作和玩樂也有更多的選項。

三十九個選項

但這個情況卻也形成了問題，而且並非只有我這麼認為。彼得・杜拉克（Peter Drucker）在二〇〇五年以九十五歲高齡去世之前，曾經留下一些精闢的洞見：

> 幾百年後，當我們這個時代的歷史，被放在時間長流中書寫時，歷史學家看到的重點，很可能不是科技，不是網際網路，也不是電子商務，而是人類境況前所未見的改變。這是名符其實的史上頭一遭，大量且快速增加的人口擁有了選擇權。這是史上第一次，他們必須管理自己，而社會完全沒有準備好[6]。

自由和行動力創造了心理學家貝瑞・史瓦茲（Barry Schwartz）廣為人知的「選擇的弔詭」（paradox of choice）一說。當我們有較少選項（而非較多選項）時，會做出更好的決定；

6.Peter Drucker, "Managing Knowledge Means Managing Oneself," Leader to Leader 16 (Spring 2000): 8-10.

面對三十九種口味的冰淇淋，我們往往會做出令自己失望的決定；要從兩個選項挑選（例如，香草或薄荷巧克力脆片二選一），會容易很多，而且我們會對結果感到滿足。要在一個複雜且快速發展的世界開創自己的人生，也是如此。要從琳瑯滿目的選項篩選出結果，是很困難的事，此外，即使我們知道自己想要什麼，也不一定知道要如何實現我們的夢想。

妨礙我們做出選擇和採取行動，以及打擊我們的意志力，阻礙我們活出自己人生的絆腳石很多，而且令人畏懼，包括：

❶ 遺憾的是，我們的第一個選項是慣性

慣性是改變的死敵，極其難纏。多年來，當我遇到堅決想要改變行為，卻無法辦到的客戶，我會借助這句真言：「我們對生活的預設反應，不是感受意義或幸福。我們的預設反應是遵從慣性。」我要他們不僅明白慣性無所不在，還要從新的眼光看待自己的慣性。

我們一般把慣性視為不活動或不運動的狀態——一種被動和不參與的純粹展現。但事實並非如此。慣性其實是一個積極的活動：我們堅持維持原來的狀態，而不轉換到其他的狀態。這不只是語義的差異，而是不同的觀點。我們最消極的被動性，其實是積極選擇了堅持維持現狀（也就是說，**不做選擇也是一種選擇。它是選擇「我跳過」**）。

反過來說，當我們做出改變，選擇去做不一樣的事，我們就不再被慣性綁架。要成為慣性的受害者，還是要逃離它邪惡的拉力，完全取決於我們的選擇。當人們發現他們可以做選擇，通常就會選擇改變。

慣性還有一個有意思的特點，那就是它能讓我們看見不久之後的未來，它比任何演算法或預測模型更精準。根據慣性，我能對你不久之後的狀況，定出下列原則：關於你在五分鐘之後會做什麼，最可靠的預測因子是，你現在正在做的事。假如你正在睡午覺、打掃家裡，或是線上購物，五分鐘之後，你很可能還在做同樣的事。這個近期原則也適用於遠期狀況。你現在是個怎樣的人，你在五年後很可能還是那樣的人。假如你現在不懂外語，或是不會做麵包，五年後你很可能還是不懂那些東西。假如你和關係疏遠的父親沒有聯絡，五年之後，你和他很可能還是沒有聯絡。這適用於你生活現況的大多數細節。

當我們知道，我們可以主宰慣性的影響力，我們就知道，如何讓慣性為我們所用。當我們建立建設性（而非破壞性）的習慣或例行活動，例如早上起床後先去運動、每天吃相同的健康早餐、每天走同一條超高效率的路徑去上班，這時，慣性是我們的好朋友，它使我們感到踏實、積極投入，而且有一致性。

這些特點使慣性成為影響無悔人生每個面向的主要力量。然而，即使我們能讓慣性為我們所用，還是有其他的力量，阻礙了我們活出無悔人生。

❷把我們困住的設定

我成長於肯塔基州的山谷站（Valley Station），位於路易維爾（Louisville）南方三十英里處，鄰近分隔印第安納州和肯塔基州的俄亥俄河。我是我母親的獨生子，因此她竭盡全力，在我的童年時期形塑我的性格和自我形象。

她是一位小學老師，看重腦力更甚於肌力。她不斷灌輸我，要我相信我是整個鎮上最聰明的小孩。此外，或許是為了防止我長大後變成汽車修理工、電工，或是其他靠技能吃飯的工匠，她經常提醒我，我的手眼協調能力和機械相關能力很差。於是，當我要上中學時，我展現了數學天分，以及在標準測驗拿高分的能力，但我對機械原理或運動一竅不通。我不會換燈泡，當我後來有幸站上小聯盟球場的投手丘時，我投出了一顆壞球，依然得到全場起立鼓掌。

幸運的是，母親的洗腦使我對於自己的聰明才智有堅定不移的信心；不幸的是，我同時也產生一種不可取的自信，相信我在學校不需要太努力學習。我發現我不必太費力，就能得到還不錯的成績。這種好運氣一直伴隨我，一路從羅斯豪曼理工學院（Rose-Hulman Institute of Technology），讀到印第安納大學企管碩士，還給我膽子到加州大學洛杉磯分校（UCLA）攻讀博士學位，雖然我的學習態度一直有點混。我說不出我為何需要攻讀組織行為學博士學位，或是讀了之後要做什麼。我告訴自己，反正我沒有太費力就闖到了這裡，何不看看我能闖到什麼程度？

在加州大學洛杉磯分校，我有幸遇到比我更優秀的同學，以及聰明才智高到讓我看不見車尾燈的老師，這些學術巨人不怕當面給我難看，對我指出我的自負和表裡不一。我是罪有應得。我在二十六歲時終於明白，我到這所學校，是為了靠自己的努力贏得博士學位，而不是混到一個學位。我花了那麼多年，才修正了母親的洗腦在無意中帶給我的影響。

我們每個人多多少少都受到父母的洗腦，父母親往往情不自禁這麼做（而且通常是出於好意）。他們形塑了我們的信念、我們的社會價值觀、我們對待別人的方式、我們如何處理感情生活，甚至是我們支持的球隊。最重要的是，他們設定了我們的自我形象。

從我們出生之後不久，在我們學爬、學走、學說話之前，他們就鉅細靡遺地觀察我們的行為，尋找蛛絲馬跡，想了解我們的天分和潛力。如果我們有兄弟姊妹，這個舉動就可以看得非常清楚。一段時間之後，當他們掌握了充分的「證據」，父母會依照我們的個性，用各種形容詞把我們細分歸類：聰明的那個、漂亮的那個、身強體壯的那個、個性隨和的那個、有責任感的那個，諸如此類。在不知不覺中，他們把我們分門別類，忽略了所有的個人特點。

如果我們不夠警覺，我們不但會接受他們的洗腦，也會按照他們的分類做出相應的行為。聰明的那個開始倚靠自己的小聰明，不願下苦功學習；漂亮的那個開始倚靠自己的美貌；身強體壯的那個開始倚賴自己的拳頭，不再講道理；個性隨和的那個變得太容易順從別人的意見；有責任感的那個因著責任之故，做出了太多犧牲。**當人生中很重要的部分已經被決定，當我們所愛的人在我們的成長階段，把這些標籤銘刻在我們的腦海裡，我們在過的到底是誰的人生？**

所幸，我們有權利在任何時候，重新自我設定。只有當我們的設定妨礙了我們的人生進展時，那個設定才會成為問題。當我們考慮要嘗試一點不一樣的東西，像是事業做個急轉彎，或是剪個新髮型，我們會立刻以「我從來不擅長＿＿」，或「那不是我的風格」這類藉口，否定這個想法。除非我們（或是某人）質疑這個藉口的可信度（誰說的？），否則我們就無法把自己的意願，置於長久以來被我們當成真理的信念之上。自我設定對我們造成的最大影響是，它使我們無法意識到，我們需要抵制那個設定。

❸ 義務的捆綁使我們自我放棄

或許你還記得，朗·霍華（Ron Howard）一九八九年的電影《溫馨家族》（Parenthood）

中，令人印象深刻的一幕。史提夫・馬丁（Steve Martin）飾演的吉爾是個被責任壓得喘不過氣的父親，瑪麗・史汀伯格（Mary Steenburgen）飾演他那默默包容一切的妻子凱倫。在電影的尾聲，我們得知他們的長子凱文有情緒問題，吉爾剛辭掉他痛恨的工作，而凱倫告訴吉爾，她意外懷了第四胎。對於這個新的處境，夫妻之間展開了充滿張力的對話。然後吉爾說，他要去幫兒子的小聯盟球隊做訓練，帶他們去得「最後一名」。凱倫問他：「你真的非去不可嗎？」朝著門口走去的吉爾，轉身用發狂的表情丟給妻子一句：「我這一生全是『非做不可』的事。」

義務的優點是，它引導我們（不論直接或間接）兌現我們對他人的承諾；義務的缺點是，那些承諾經常和我們對自己做的承諾相抵觸。遇到這種情況時，我們往往會做出兩極化的過度反應，不是極度無私，就是極度自私。最後的結果，不是使我們感到失望，就是讓倚賴我們的人感到失望。義務迫使我們將自己的責任排出優先順序。那是一個灰色地帶，除了黃金法則和「做對的事」之外，我們沒有太多規範可以依循。根據我的經驗，我認為義務這件事沒有準則可以遵循；每個情況都是獨一無二的。

有時候，無私是比較恰當，且高尚的選擇。我們選擇加入家族事業，而不是追求我們熱愛的職業；我們從事枯燥乏味或不喜歡的工作，只為了養家活口；我們婉拒可以一展長才的工作機會，因為我們不想搬家到另一個城市，使家人被迫要適應新的生活。為了所愛的人承擔義務，可以帶給我們滿足感。

儘管如此，有時候我們也可以先考慮自己的想法，雖然他人可能不贊同。如此的犧牲和妥協有可能帶給我們痛苦，使我們付出沈重的代價，但這是可敬的行為，也有其必要。誠如偉大的赫伯特．史沃普（Herbert Bayard Swope）（他是在一九一七年獲頒第一屆普立茲報導獎的新聞記者）所說的：「我無法給你一個保證成功的方程式，但我可以給你一個保證失敗的方程式：試圖時時刻刻取悅每一個人。」

❹我們喪失了想像力

對許多人來說，要他們在兩、三個可行選項中，選擇自己想過的生活，是一件困難重重的事。然而，有些人連一種人生道路都想不出來，更別提要想出兩到三個選項了。

我以前認為，創造力就是把兩個稍有不同的點子融合在一起，把它變成一個原創點子，像是把龍蝦和牛排湊在一起，就變成一道海陸大餐。你把A和B加起來，然後得到了D。後來，一位成功的藝術家告訴我，我把標準訂得太低了。創造力比較像是把A、F和L加起來，然後得到Z。元素之間的差異越大，就需要越豐富的想像力，才能得到完整的成果。只有極少數的人，擁有把A、F和L加起來變成Z的創造力；有些人擁有A加B等於D的創造力。遺憾的是，有些人甚至想像不出一個A和B能並存的世界。

你之所以閱讀本書，是因為你想知道，如何讓自己變得更好。好奇心能激發我們的想像力，幫助我們描繪出新的事物。

百分之三十的美國人擁有大學學歷，若你是其中之一，那麼你從青少年時期就已經知道，尋找新的身分認同是什麼感覺，這個新的自我形象能提高你在這個世界佔有一席之地的機會。你在那個時候就已經知道，如何想像一個嶄新的開始。《帝國瀑布》（Empire Falls）的作者、普立茲小說獎得主理查德・魯索（Richard Russo）回憶大學生活時，他寫道：「說穿了，我們上大學，是想要重新創造自己，與過去的自己切割，成為我們一直想成為的那個人，但是後來被那些更明事理的人勸阻了。」魯索把上大學比喻成「加入證人保護計畫」，他說：「你應該要嘗試一、兩個新身分。假如這個計畫結束的時候，你能輕易被人以原本的身分認出來，那麼這個計畫不僅失敗，你也會身陷險境。」

回想一下你高中的最後一年。我敢說，申請大學那段時間，是你第一次覺得，你對自己的未來擁有掌控權。雖然在這個過程中，還是有一群人不斷對你指手畫腳，包括學校的諮商師、測驗機構，以及大學招生委員（當然還有你的父母），不過，十八歲的你依然擁有掌控權。你評估你的強項和弱項，透過基本的問題，設定選校標準：離家距離、學校大小、學校聲望、錄取率、社交生活、氣候、費用、獎學金，以及其他因素。你決定要申請幾所學校。你寫自傳，向老師要推薦函，然後等待回音。假如你的第三或第四順位學校提供的獎學金，比第一順位學校高很多，就需要做個調整，看是要解決費用問題（辦助學貸款，並且半工半讀），還是要為了獎學金放棄你的第一志願[7]。

入學之後你會發現，不論你在高中是舞會皇后還是班上的小丑，是校內名人還是書呆子，上大學是你刪除青少年的一切，為自己寫新劇本的機會。正如魯索所說的，你能根據入學和畢業時的你有多大的差別，精準衡量你的大學四年教育，究竟是成功還是失敗。

你上大學時所做的事，此時此刻，你可以再做一次。

❺追不上變化的步調

假如我的工作是對社會現況做出重大宣告（當然不是），我會以無比的信心做出以下的宣告（這是我向奇點大學〔Singularity University〕執行長羅伯・尼爾〔Rob Nail〕現學現賣的）：在你餘生的每一天，你感受到的變化步調只會一天比一天快。

換句話說，明天永遠比今天更快。如果你以為，當你完成這個「急件」專案之後，或是當孩子長大、你的家庭生活回歸平靜之後，在不久的將來，你能回到步調比較慢的過去，生活步調會變得比較輕鬆，變化速度會比較慢，那麼你就陷入了不切實際的懷舊幻想。那個幻想是不可能成真的。當你完成急件專案之後，你和你的夥伴不會有放輕鬆的一刻，另一個緊急的工作會隨即出現（我向你保證），然後你會發現，「匆忙的步調」是新常態。你又忙又亂的家庭生活也是如此，當孩子長大或離家之後，你的生活不會回歸平靜。生活的轉輪不會停下來，永遠有事情需要你立刻處理。

幾年前，我在曼哈頓搭上一輛計程車，要前往機場。司機在市中心的車陣中緩慢前進，時速從來不超過三十英里。當我們離開市區，開上速限九十英里的公路，他的車速提高到時速六十英里。我問他能否加快速度，他拒絕了：「這是我最快的速度。」他說，「如果你想下車，我現在可以停車。」他彷彿是在另一個時代學會開車的，他一直沒有發現，其他車子的車速變快了，馬路變得更平坦了，所有的乘客都在趕時間。

7. 最糟的情況是，如果悲劇發生，你中意的學校都將你拒於門外，只有保底的學校接受你的申請，你會發現，你很快就接受這個「悲劇」，認命地接受只有一所學校要你的現實。這是你學習隨遇而安的機會，以及學習別無選擇帶來的威力。我們將會在第四章詳述這個部分。

無法適應不斷加快的變化步調，就和喪失想像力一樣，會阻礙我們前進。我們會無法對周遭發生的事，做出適當的解讀。我們如果沒有追上變化的步調，就會氣喘吁吁，就會落後。當我們落後了，就活在別人的過去裡。

❻我們沉醉在替代人生裡

當我要馬克．特塞克開始為自己而活時，我也可以問他，「你為什麼過著別人的生活？」這兩個說法其實是「替代人生」的一體兩面。這種喪失靈魂的情況，是我近二十年來觀察到最令人擔憂的發展。由於社交媒體，以及從科技產品而來的各種干擾，我們有很多機會活在別人的生活裡，而非自己的生活裡。

我們允許自己，去羨慕不認識的人在社交媒體上秀出來的擺拍。有時候，我們也如法炮製，想用擺拍的照片讓別人羨慕，也不管別人有可能不是那麼在意我們，不像我們那麼在意他們的一舉一動。這種替代人生現在有一種更荒謬的版本：我們不再自己玩電玩遊戲（來自現實生活的刺激），而是花錢看電競高手用我們最喜愛的電玩遊戲來比賽。我們從親自玩遊戲，演變成觀看別人替我們玩遊戲。

被科技麻醉之後，我們變得只關注臉書、推特和ＩＧ所激發的反饋迴路（被短暫的多巴胺刺激驅動），不再關注長遠的使命感和自我實現。這並不健康。由於社會變化的步伐太快，我看不出這個問題有緩和的跡象，因為要絕大多數的人突然停止使用社交媒體上讓人欲罷不能的工具，是不太可能的事。只有我們能決定，我們允許替代人生對我們的人生造成多大的影響，每一個人需要自己覺醒。

活在別人的人生裡，這個趨勢所造成的傷害是，人們的分心情況越來越嚴重。我們難以聚焦於我們知道自己該做的事情上，而是應驗了詩人艾略特（T. S. Eliot）的不朽名言：「從分心狀態被分心」。這不只是社交媒體的錯，這個世界本身就是一個讓人分心的大魔王。晴朗而溫暖的天氣、電視正在播映的棒球賽、廣播的焦點新聞、電話響了、有人敲門、家人有急事、突然很想吃甜甜圈。任何人或任何事，都能讓我們的注意力離開我們該做的事情，同時開始做別人要我們做的事。這正是「沒有活出自己的人生」的定義。

❼有效年限用罄

一位朋友告訴我一個故事，故事的主角名叫喬。喬原本想當一位編劇，但他在二十五歲左右時發現，他真正熱愛的是葡萄酒。於是喬調整了職業方向，成為一位品酒散文作家：人家花錢請他去品酒，學習葡萄酒相關知識，並且寫成文章。喬把寫作賺的錢拿一部分來買酒。這份工作在一九七〇年代起步，當時好酒的價格還沒有被炒作成天價。由於開始收藏的時間比較早，即使記者的薪水不高，喬依然收藏了一萬五千瓶葡萄酒，令人稱羨。喬對於自己的珍藏很大方，一點也不小氣。假如你邀請他們夫妻倆到家裡用餐，喬會告訴你，他會為晚餐提供葡萄酒，你如果拒絕，那就太傻了。

全世界的知名酒莊都認識喬，並且把他列入少數鑒賞家名單中，每年限量新酒上市時，他都可以優先品嚐。在他六十五歲那年，他收到義大利知名酒莊掌門人安傑洛・歌雅（Angelo Gaja）的年度預購邀請。喬計算了一下後發現，那一年的新酒，他必須等到九十多歲時才能喝。因此，他以沉重的心情打電話給歌雅先生，請歌雅先生把他從客戶名單移除，他也通知其他的酒莊，把他從名單移除。喬的酒窖裡的酒，夠他喝一輩子了。喬作為葡萄酒收藏家的有效年限，已經用罄。

「有效年限」是我們預定達成人生目標的時間。有些人（精英運動員、時尚模特兒、芭蕾舞者，以及其他倚賴體力或美貌的專業人士）能夠像喬一樣，精準計算自己的職業有效年限。許多美國政治人物（像是總統和三十六個州的州長）有明確的任期，因此他們知道自己有多少時間，可以用來兌現競選承諾。大多數的人（藝術家、醫生、科學家、投資客、老師、作家、高階主管，以及其他靠腦力吃飯的人）認為，只要能力和意願還在，他們可以工作一輩子。其餘的人則沒有足夠的資訊，可以用來評估自己的職業有效年限。

有效年限在兩種情況下會變成大問題。我們年輕時，往往會高估自己的有效年限。我們擁有的金錢或許很少，但覺得自己似乎有用不完的時間，這使我們喪失了警覺性。我們不急著展開「真實的人生」，一心想嘗試更多有趣好玩的選項。我們還有時間可以留給所謂的「空檔年」（gap year）。這沒什麼不對，只不過，**遲遲不做決定或是陷入慣性，會把「空檔年」延長為「空檔十年」，或是更糟的「空檔人生」**。

另一種極端發生在我們年老的時候，這種極端情況比較讓人生氣：我們愚蠢地認為，自己已經沒有足夠的時間，可以實現我們的下一個夢想。我們已經老了。當我的執行長客戶即將到達「退休年齡」時，我經常看到這種情況。世俗的成就已經不是他們的重點，他們很願意跨出下一步，把棒子交給下一代的領導人。他們還是想要找到生命的意義和使命感，不過，他們對於自己的過去、現在和未來，有一種離譜的錯誤解讀（參見第五章），以致於讓年齡關上了開拓全新開始的大門。他們認為，當雇主有許多更年輕的人選可以考慮時，不可能會雇用一個六十五歲的人，或是把錢投資在他們身上[8]。他們盯著壞掉的時鐘，堅信時間

8.這個想法並不是完全錯誤，人們往往喜歡新的選項，更甚於顯然更好的選項。

已經靜止不動了。

從二十五歲到七十歲，甚至是更大的年紀，不論在哪個年齡階段，人們都可能誤判自己的有效年限。我認識一些三十多歲的年輕人，他們讀了三年的法學院，在律師事務所努力工作了六年之後，意識到執行法律業務並不是他們的興趣。

在二十一世紀，在大型律師事務所工作的年輕律師經常有這種情況。一想到要從零開始重新開創事業，就令這些年輕律師腦筋打結。他們通常會出現三種情況：第一，他們把這種很早就對職業感到失望的處境，視為災難，而事實上這是福氣（畢竟，他們逃離了令他們感到枯燥乏味的職業）；第二，他們無法想像自己的下一步是什麼面貌；第三，他們並沒有因為還有三分之二的人生可以用，而感到慶幸。那是很長的有效年限，這麼長的時間令有些人感到害怕，但我認為，那麼長的有效年限是一條逃出生天的路。

父母的影響、義務、心理障礙、同儕壓力、時間不夠、基於慣性想維持現狀，這些長年性的阻礙使我們動彈不得，它們使我們渴望走上一條新的道路，卻無法真正跨出第一步。不過，這些阻礙只是暫時的攔阻，我們只要將它們推開，就可以向前進。這些阻礙並不會使我們永久失去資格，也不是不能改寫或換掉的金科玉律。

我們擁有一些特質，能幫助我們與這些阻力抗衡，並找到一條出路。這些特質並不神祕，而是每個人體內都潛藏的力量，包括動機、能力、理解、自信，等待在適當的條件下被激發出來。它們是人類潛力的基本要素。我們需要有人不時提醒我們，善用這些力量，為自己創造利益。

練習

現在來打破我們的預先設定……

這個練習可以幫助你了解你的設定。想像你回到六歲，你的父母邀請他們最要好的朋友，來家裡吃飯。晚餐結束後，那些大人以為你已經在自己的房間睡著了，然後一位客人問你的父母，你是個什麼樣的孩子。

假設他們會從你的父母那裡得到最直白的答案：

- 你的父母會用哪些形容詞來描述六歲的你？把這些形容詞列出來。
- 你會用哪些形容詞來描述現在的你？把這些形容詞列出來。
- 這兩組形容詞如果有差異，差別是什麼？這個改變是如何發生的？為何會發生？

你從這個練習學到了什麼，可以幫助你規劃未來的人生？

03 無悔人生檢核表

一九七六，當時我二十七歲，我以動機、能力、理解和自信作為我的博士論文主題，把這四個主題獨立出來，作為人們獲得成功所需要的認知和情感特質。

- **動機：**我把動機定義為一種力量，這個力量驅使我們每天早上願意起床，努力達成某個目標，並且在面對挫敗和逆境時，依然保持動力。
- **能力：**擁有達成目標必備的資質。

- **理解：**知道該做什麼、要怎麼做，以及什麼不該做。
- **自信：**相信你一旦開始做某件事，就一定能夠完成，不論你以前做過這件事，還是第一次嘗試。

這四個屬性是成功的基本要素（而且不是你以為的「廢話，那還用說！」那種陳腔濫調）。少了其中任何一項，你的失敗機率就會大幅提高。還有一點很重要：這四個屬性是依任務而定的，而不是一體適用的。

例如，所謂的「動機很強的人」並不存在，因為沒有人會對每一件事都有很強的動機。我們的動機是有選擇性的，它驅使我們去做某一件事，而不是另一件事。能力、理解、自信也是依任務而定的，因為沒有人什麼都會做、什麼都知道，或是在每個情況下都很有自信。這是我在一九七六年的論點，當時我二十七歲。四十年來在企業界擔任高階主管教練的經驗使我明白，這四個屬性還不足以描繪出全貌。我的論文並沒有錯，只是還不夠完整。

時間的歷練教導我，光靠渴望、天分、才智和自信，這些人們容易想到的特點，不足以描繪出成功的面貌。**你的每一個任務或目標，都需要他人的支持，以及市場的接納。**

儘管如此，我還是想提醒，有許多個人條件能夠提高你的成功機率，像是創造力、自律、韌性、同理心、幽默感、感恩的心、教育、時機、討人喜歡等等。不過，當各個年齡層的客戶來找我，請我針對重大的職涯決定給予忠告時（留下來還是離開、新的工作機會是否適合自己、下一步該做什麼），我一定會問他們下列六個考量點。如果無法針對每一點都給出讓人滿意的答案，就沒有下一步。這六項是最基本的考量點，它的重要性，就像是醫生為你做體檢時，一定會先量脈搏和血壓一樣。

❶ 動機：你做任何事的「為什麼」

動機是你試圖完成某個你選定的任務的理由，它是你做任何事的「為什麼」。

一九七九年，泰德．甘迺迪（Ted Kennedy）決定挑戰尋求連任的總統吉米．卡特（Jimmy Carter）。雖然美國政治人物很少會在黨內初選時，挑戰同黨的現任總統，不過甘迺迪在當時人氣很高，有希望打敗當時不受歡迎的卡特。甘迺迪在收視率很高的CBS電視訪談節目中，宣布競選的意圖，主持人羅傑．馬德（Roger Mudd）問他一個很容易回答的問題：「你為什麼想當總統？」結果甘迺迪給出不著邊際、語無倫次的答案，無法說明人們為何要投票給他。這段訪談基本上終結了甘迺迪才剛萌芽的競選大夢。

就和其他數百萬名觀看這段訪談的美國人一樣，我記得當時我心想：「光是說，當上總統可以滿足登上政壇頂峰的個人抱負，是不夠的。當你告訴我，你想當總統，你必須也說明，你在總統任期想做什麼，不論是蓋公路、讓餓肚子的孩子有飯吃，還是降低銀行利率。」—（那年的銀行利率一直在百分之十八左右）。甘迺迪既沒有告訴我，他為什麼想當總統，也沒有告訴我，如果他入主白宮，要做些什麼。

動機或許是驅使我們想要達成目標的優質燃料，但它和實質的行動密不可分，我們需要執行特定的任務，才能達成我們的每一個目標。這使得動機成為「目標達成」的相關語彙當中，遭到很多誤解（也因此遭到誤用）的詞彙之一。我每個星期都會聽到好幾個人描述自己，或是他們欽佩的人是「有強烈動力要成功」，或是「有強烈動力要當個好老闆」（或是老師、父親、伴侶，以及其他定義廣泛的角色）。在那樣的脈絡之下，「有強烈動力」這個說法是沒有意義的，因為我沒見過哪個人「有強烈動力不要成功」，或「有強烈動力要當個壞老闆」。人們已經將動機和渴望混為一談了。他不如說「我想要成功」，或「我想要當個好老闆」。有誰不想成功，不想當個好老闆呢？

有強烈的動力，不只是有了目標之後所產生的強烈情緒狀態，這個高昂的情緒狀態，還伴隨一股強烈的衝動，使你想要完成每一個相關任務，以達成目標。說你有強烈動力要賺錢、減重，或是把中文學好，是不正確的說法，即使你覺得這個說法是事實，除非你持續執行與達成目標相關的大大小小的事，這個說法才算正確。

我們的動機需要透過證據來檢驗。假如我們想在三個小時內跑完馬拉松賽，我們是否有動力去實踐每一個必要的任務，來實現這個艱鉅的體能成就？包括，每個星期有六天要早起跑步，來累積練習里程；調整飲食習慣，讓身體有最好的體能表現；花時間到健身房鍛鍊，強化肌力和彈性，減少受傷的機會；當我們的身體需要休息和復原時，願意按照常理向公司請假一天，不硬撐。

如果做不到這些，我們的「有強烈動力」就不是說真的。

我的教練工作是幫助成功人士變得更好，因此，我的工作並不是判斷人們嘴巴說出來的動機，而是建立他們的決心。我們的人生中，可能充滿了各種模糊的動機。金錢、名氣、升職、獎賞和聲望這類報酬，不是使我們更加努力，就是使我們自問「就只有這樣嗎？」為了所愛的人盡義務，不是使我們感到自豪，就是使我們對於自己的犧牲滿口抱怨。過度自信和一廂情願，不是驅使我們做出超出期待的表現（這總是令人開心的意外結果），就是使我們對自己的愚蠢感到不解（「我到底在想什麼！」）。我有什麼資格，能夠判斷哪些目標是錯誤的，哪些是正確的？

對自己的動機產生誤解，以及高估自己實踐動機的意志力，或許是你在開創人生的過程中，可能犯的兩個定義型錯誤。但是在尋找自己真正動機的過程中，你要知道，你有可能會犯幾個其他的錯誤，而這些錯誤是可以避免的。

■**動機是一種策略，不是戰術**。目的（motive）是我們做出某種行為的原因，動機（motivation）是我們持續做出某種行為的原因。這兩者的差別，就像是「為了釋放焦躁不安的情緒，在某個晴朗的下午出去跑步」，以及「為了想擁有健美身材、減重，或是參加比賽，連續好幾個月每週跑步六天」之間的差別。在尋找動機時，你一定要從長遠的持續性來考慮，從現實面來評估，當你面對風險、不安全感、被拒絕和困難時，能否堅持下去。兩個問題：你過去遇到逆境時是怎麼反應的？這次為什麼會有所不同？

■**你可以有不只一個動機**。喬伊絲．奧茲（Joyce Carol Oates）是一位多產的美國女性作家。她在散文「我相信」中，界定她寫作的五個理由：一、紀念（「紀念在這世上我曾居住過的一個地方」）；二、作見證，因為大多數的人無法為自己作見證；三、自我表達，以反抗成人世界裡的妥協；四、宣傳（或是「鼓吹」），激起讀者對她筆下人物的同情；五、對於實體書這個美學客體的熱愛。當她缺少其中某個動機時，其他的動機會驅使她繼續寫下去。成功人士能同時抱持兩個或更多互相對立的想法，你也可以有不只一個動機。

■**慣性不是動機**。我認識一些佛羅里達的退休人士，他們每天打高爾夫球。他們之所以花那麼多時間，在一大片草地上打一顆小白球，是因為熱愛高爾夫，還是熱切地想要降低自己的差點（handicap）？抑或是出於慣性——他們想不出更好的方法來打發時間？如果你發現自己每天過著相同的生活，你可以問自己同樣的問題：我過這種生活，是因為我選擇用這個方式實現自我，還是因為我想不出其他的生活方式？據實回答很重要，但答案有可能讓你難以承受。

我們要怎麼把注意力集中在某個動機上？我從經驗學到，至少有一個適用於所有人的基本動機，保證可以釐清我們想要活出無悔人生的渴望，這個動機就是：我想要過的人生，是擁有最多的自我實現和最少的懊悔。

❷能力：完成選定任務的技能

你的能力就是，完成你選定的任務所需要的技能水準。在理想情況下，你知道你擅長什麼、不擅長什麼；你之所以接受超出能力的挑戰，是因為你想要拓展自己的能力，否則你會待在你擅長的領域裡。如果你具備使你出類拔萃的優越技能，你應該把它與你的動機結合。對於你擅長的事物持續保有強烈的動力，應該不成問題。然而，事實並非如此。

杜克大學K教練領導力與倫理中心（Coach K Center on Leadership & Ethics）共同創辦人暨

總監向珊瑩（Sanyin Siang）是我的朋友。她認為，我們每個人至少有一項被我們視為理所當然的技能，當我們發現別人沒有這項技能時，往往大惑不解。她把這個情況稱為「專長傾向」（liability of expertise）。絕對音感、超越一般人的手眼協調、閃電般的衝刺速度、聽過肯卓克・拉瑪（Kendrick Lamar）的饒舌歌曲一遍就能一字不差地複述。珊瑩說，這種天分是一種傾向，因為我們不費吹灰之力就擁有了。於是，我們覺得那不是我們努力掙來的，並漠視了它使我們在許多方面與眾不同的事實。這就像是，擁有某種超能力卻從來不使用它。

這是個令人擔憂的洞察。假如我們不看重天生擁有的能力，那我們還有什麼選項？在我們平庸，且技不如人的領域開創事業嗎？我可不建議你這麼做。

我們把「能力」定義得太狹隘了，彷彿我們的能力只介於「超級有天分」，和「只有低標能力」這兩種極端之間。情感和心理因素（天生的性情、頑強、有說服力、鎮定），對於能力的建構也同樣重要。例如，對於銷售人員和演員來說，不怕遭到拒絕，就是非常重要的能力，即使他們有三寸不爛之舌，或是能把台詞說得讓人感動莫名。

腫瘤學家在實驗室花數十年的時間做實驗，等待自己的某個癌症治療流程被證實是有效的，過程中他們無法確定，自己付出的心血能否換來突破性的進展。因此，以強大的韌性不畏懼一再失敗（而不是他們的生化專長），才是決定他們能否找到治療方法的能力。假如你想靠寫小說謀生，願意日復一日獨自坐在書桌前寫作，其重要性不亞於你構思情節、人物和對話的能力。享受獨處的特性，每天早晨會很自然地把你吸引到書桌前。

我的母親從一九五〇到一九七〇年代，在肯塔基一所鄉下小學教書。她填寫學生的成績單時，會在三方面給每位學生打成績：成就、努力和品行。旁邊還有一欄出席率。在那個年代，教育者知道，學生的能力不只包含知道考試題目的正確答案，願意嘗試、守規矩，以及來學校上課也很重要。成人世界其實也沒有太大的差別。我們的能力不限於某個天分，而是各種技能和人格特質的組合，而這個組合必須和我們想擁有的人生相契合。

❸理解：知道該做什麼，該怎麼做

理解指的是，知道自己該做什麼，以及該怎麼做。我的博士論文聚焦於人們在團體裡的行為，我從角色覺察的角度，以及秩序和階級的稜鏡，來看待理解。人們了解他們在組織階級裡的角色嗎？舉例來說，假設你是一位工程師，基本上，你和同部門的其他工程師具備相同的能力。你和他們一樣，是一台巨大機器裡的一顆小齒輪。根據我們在五十年前研究組織行為的方式，「理解」指的是，知道主管期待你在那個機器裡，完成哪個特定的工作，而且不要脫離你的角色。

你和你的主管對於你的職責不會有任何誤解。你要待在屬於你的路線上。對於急診室醫生或是警察來說，那條路或許比較複雜、擁擠一些，他們在上班期間必須同時扮演多個角色。但是稱職的急診室醫生知道，自己的工作是減輕痛苦和修復傷害；而稱職的警察知道，自己的工作是保護人民的安全。他們也待在屬於他們的路線上。

當我開始與高階主管進行一對一教練，幫助他們提升人際互動的技能之後，我的看法改變了。每個人的角色依然很重要，但所謂的「軟技能」也很重要，像是掌握時機、知道感恩、展現善意、懂得傾聽，以及最重要的，相信「黃金法則」（Golden Rule）（註：也就是聖經中所說的，你想要別人怎樣待你，你也要怎樣待人）。這些優點能在任何情況下給予我們引導，包括追求無悔人生。我透過一個令人難堪，但不是太重大的事件，學到了這個教訓。

有一家保險公司為他們的頂尖保險經紀人舉辦餐會，邀請我在餐會上演講，而我完全誤判了聽眾的狀況。這家公司剛經歷慘重的失敗，而我的態度有點太過風趣。

餐會結束後，公司的執行長對我說，我剛才的演講冒犯了他和他的團隊，他對我很失望（他的評語聽在我的耳裡，簡直和酷刑沒兩樣）。當然，這完全是我的錯，因為我的理解出了問題。我對自己的角色有錯誤的理解，我以為我一方面是老師，一方面要逗他們開心。

但事實上，我是受邀的賓客。我的角色是客人，但我卻穿著沾滿泥濘的鞋子，踩進他們家裡。

我需要靠柔性策略來補救這個情況。在這個情況下，我要聚焦於這位執行長的失望，而不是我的羞愧，並且清楚觀察當下的情況。我剛才沒有好好覺察全場的氣氛，現在我需要好好地理解，站在我面前這位執行長的心情。我想過送給他的公司一次免費演講，但考慮到我剛才的表現，我想我應該沒有下一次了。我想過什麼也不做，讓時間治癒這個傷口。但在那一刻，我想起了一個真理：如果顧客看見你對問題的看重，甚至願意立刻修正自己的錯誤，他們就能夠釋懷。

那時，黃金法則在我的腦海浮現。如果我和那位執行長互換角色，我會想要什麼？然後，我立刻知道該怎麼做了。我的演講費很驚人（相當於某些人一年的薪水），我對那位執行長說：「這次算我的。」

當演講費支票在幾天後寄來時，我把支票寄回，並附上一張致歉的短箋。我知道我們需要好聚好散，而且我比對方更需要好好說再見。

理解也包括知道「很好」與「不夠好」的差別，並且意識到，在任何情況下，我們有可能是很好，也可能是不夠好。

❹自信：相信自己能成功

自信就是，相信自己一定能成功。你透過訓練、重複、持續進步，以及一連串成功的結果，來獲得自信，每個環節環環相扣。當我們面對自己曾經克服過的挑戰時，是我們最有自信的時候，例如，公開演講。還有一種比較少人知道的信心來源，那就是擁有別人欠缺的特殊技能。我有一個朋友是馬拉松選手，他不是頂尖的職業選手，但他非常認真做訓練，在比賽中也常引起其他業餘選手的注意。有一次我問他，他每個星期的目標是跑多少英里，他說：「重點不在於跑幾英里，而在於提高速度，這讓你在必要的時候，有自信你能跑贏任何一個人。跑得快會給你自信；有自信會讓你跑得更快。」

我一直知道，自信對於高爾夫或是棒球這類技能類運動非常重要。運動員一旦喪失自信就找不到球道，或是投不出曲球的例子，運動史上比比皆是。但我從來沒想過，自信對於跑馬拉松也這麼重要，我以為跑馬拉松只要有耐力就行了，不需要運動技能。不過，我懂這個朋友的意思。當你跑的速度夠快，並相信你可以在需要的時候隨時發揮速度優勢，你就創造了正向反饋迴路，使你跑得越來越快，也越來越有自信。

這是自信最大的優點。你所有其他的優點與選擇，會使你產生自信，然後自信可以反過來，使你在那些領域變得更強。一般而言，假如你擁有動機、能力和理解，卻缺乏自信，這是令人遺憾、幾乎是不可原諒的事，因為你已經有資格擁有自信。

❺支持：需要的外來援助

你需要外來的援助才能成功。支持就像是為你解圍的援軍，你可以透過三種管道得到支持：

支持可能來自組織，以金錢、設備，甚至是辦公空間的形式呈現，它可以是你認為有價值的任何資源。在資源有限的組織裡，這類支持無法輕易獲得，你必須努力爭取才有資格得到。

支持可能來自個人，以指引方向、教練、指導、授權，或是建立自信的形式呈現。這些支持者可能是你的老師、導師、老闆，或是某個因為投緣而喜歡你的高層人士。在我看來，最後這一項是職場中最幸運的事（但你必須懂得對這份好運心懷感恩）。

我曾問一家大型律師事務所裡最年輕的合夥人，他如何能在三十五歲之前，就爬上事務所聘僱業務單位最高主管的位置。他說：「我之所以離開前一家事務所，是因為我遇到一個處處與我作對的惡老闆。而我在這家事務所的老闆恰好相反。我一來上班，他就告訴我，他打算在五年後退休，他要我當他的接班人，我只要照著他的話去做就行了。他的支持對我影響很大。」

支持也可能來自某個經過定義的群體。支持團體最有意思的一點，不是我們需要支持團體的協助才能達成目標，而是我們非常不願意承認自己需要支持團體。當你考慮到動機、能力、理解、自信，對於成功顯而易見的重要性，就會發現，這種否認非常合理。我們靠著自己的力量，默默培養出動機、能力、理解和自信，無視外在世界的影響。在我們活出無悔人生的過程中，也很容易出現這種情況。「贏得」某個東西，不論是加薪、他人的尊重，或是我們的一生，隱含一種自立自強的味道，好像我們不靠任何人的協助，就擁有了現在的成就，也因此比別人更厲害、更光彩。

那是一種錯覺。**我們都需要別人的協助。承認這個事實，是個有智慧的舉動，而非示弱。**採取行動處理這種錯覺，更是有其必要。如果你是個人執業或是自由接案工作者，就更有必要這麼做。

一般來說，在組織裡（企業、政府，或是非營利組織），你的支持團體已經內建好了。執行長會有董事會，主管會有每週會議，員工雖然只能靠自己，但他們會自己形成一群一群的小團體，互相支持。不論你需要的是反饋、點子，還是加油打氣，都可以在那裡得到。

最近有不少人被公司裁員，當他們說，他們很想念大型組織裡的同事情誼，他們其實是在承認，他們想念朋友的支持。

我想提供一個超級成功人士廣為人知的成功祕訣：在我所認識的人當中，最聰明、最有成就的人，是最積極打造支持團體的人，也是最倚賴支持團體提供協助的人（而且他們會很大方地承認這件事）。

我之所以知道，是因為我是他們的教練，被納入他們的支持團體，是我的工作之一。我看見他們經常從組織以外的地方，尋求忠告和安慰，也看見他們如何運用這些忠告，以及這麼做如何與他們的成功產生了直接的關連。對他們而言，支持團體可以讓事情進展得更快、更順利。如果支持團體這麼好用，你何不也試試看？

你可以把任何人納入你的支持團體，甚至把一、兩個家人納入。六個人是比較理想的可管理數目，如果超過六個人，你可能會得到重複的幫助，或是感到混亂。你甚至可以為不同的情況建立多個支持團體，這取決於你生活的多元性和複雜度。支持團體成員可能會更動，因為你和這個世界都會一直改變。我只想提醒一件事：不要成為這個團體裡最受景仰，或最成功的那個人（你尋求的是協助，不是粉絲）；也不要成為成就最低的那個人，中間的位置剛剛好。

❻ 市場：這個東西是被需要的

我在許多家庭一再看見一種情況，這個情況非常普遍。在同一個家庭一起長大的一對姊弟，他們上同樣的學校，但擁有截然不同的職涯目標。姊姊想取得高等學位，成為專業人士，例如工程師。弟弟也同樣努力、有抱負，不過他喜歡一條沒那麼實際、不是那麼顯然的道路，他沒有走上傳統的升學之路，而是成為一個製刀師傅。

姊姊完成學業，進入成熟但競爭激烈的產業界。她順利地展開個人事業，因為由製造商、高科技公司和設計公司組成的穩健市場，很需要她的技能，這個市場一直需要工程師效力。但對於製刀師傅來說，就不是那麼一回事了。如果時機不對，弟弟一就業就可能發現，市場的人力供過於求，或是市場被某個創新打亂了。原本應該展開雙臂歡迎他的市場，比他所想的更不穩定、更容易受到顧客偏好的影響，甚至可能在他的眼前消失。

來自同一個家庭的這兩個人，都非常清楚他們想為自己開創什麼樣的人生。但是他們的發展大不相同，這一切取決於他們的技能有沒有市場。

想著我們可以追逐滿心嚮往的夢想，不去考慮謀生，是一件很浪漫的事。然而實情是，絕大多數的人需要為了養家活口去賺錢。此外，大多數的人出於家庭教育或是習慣的緣故，很自然地會把自我實現感和自我肯定，與我們的收入連結。除非我們有繼承財產，否則我們必須在前一個職業存了足夠的錢，才有能力追求不在乎賺不賺錢的事業第二春。需要靠薪水過日子的人，都懂得這個道理。

然而，美國每天有數千人創業，或是回到學校進修，或是搬家，或是辭掉做起來遊刃有餘的工作去創業，一心盼望能夠擁有更滿足的人生，卻不先問一個務實的問題：假如我去創業、回到學校進修、搬到一個新的城市，或是不再為大公司工作，我的產品或服務有市場嗎？

多年前，我的一個好朋友就犯了這個錯誤。他是一位頂尖的策略專家，在一家大型顧問公司任職，年收入高達七位數。但他認為，自行創業會有更好的發展。他的支持團體裡有好幾個人都警告他，離開大公司有哪些顯而易見的風險，也就是說，一旦他自行創業，伴隨他的職位而存在的可信度和知名企業客戶名單，會立刻大幅縮減。他不相信我們的話。遺憾的是，市場拒絕了他，他原本指望會跟著他走的客戶，一個都沒有離開。他的事業從此一蹶不振。

如果你所提供的東西沒有市場（和你一樣想要從無中生有，創造一個全新產業的人不在少數），你擁有再多的技能、自信和支持，也無法讓你跨越障礙。正如洋基名將尤吉・貝拉（Yogi Berra）所說的：「如果粉絲不想來球場看球賽，沒人能勉強他們。」

「就定位」檢查表

面對任何有挑戰性的任務或目標時，你必須考慮，並確認上述四個內在因素和兩個外在因素，來評估自己的成功機率。知名主廚會告訴你，烹飪的第一考量是「就定位」（mise en place）：把做一道菜所需要的食材準備好、切好、擺好，然後再開始烹煮。就和其他的檢查表一樣，「就定位」是最直觀的整理工具，但它也是一種精神狀態，讓主廚把動機、能力、理解，以及最重要的自信，準備就緒。所有的東西各就各位之後，主廚就可以放手發揮專長：把平凡的食材變成精緻的料理。

要接受任何重要的挑戰之前，你可以把這六個因素當成你的「就定位」檢查表來使用。坦誠地檢驗自己：我有強烈動力要做這件事嗎？我有能力嗎？我了解如何善用我的能力，來完成這項工作嗎？我過去的成就是否讓我有足夠的自信，相信我能完成任務？有人支持我嗎？我的努力成果有市場嗎？

這六個因素必須有一致性，並且相輔相成。這不是用菜單點菜，你不能有五項很強，但一項很弱。每一個因素的範圍很廣，足以涵蓋你全部的個人特質，因此，當你需要做出重大改變時，可以透過這六個因素來思考一些基本的問題。檢視每一項因素可以幫助我們知道，自己是否取得了一致性。

舉例來說，我的朋友瑪麗在三年前創業，銷售自製的義大利麵醬。瑪麗在退休之前的工作是食品開發，她自製的義大利麵醬非常受朋友的歡迎。她的朋友一直跟她說：「你應該拿去賣」。於是她決定付諸實踐。以下是我和瑪麗的檢查表對話，你來判斷看看，她是否取得了一致性：

動機：「我一直很想製作一種顧客真正喜歡的特殊商品。我現在所做的，是為了確認那股熱情，不是為了賺錢。至少現在還不急著賺錢。」

能力：「我從學校畢業後的第一份工作，是為食品公司開發食譜。我知道怎麼構思食譜，開發有原創性的產品。」

理解：「沒有人天生就知道怎麼創業，每個人都是邊做邊學。我會遵從傻瓜原則：騙我一次，是你不要臉；騙我兩次，是我很丟臉。」

自信：「我曾經為某個品牌開發過三項產品，因此，開發第四或第五項產品不是問題。」

支持：「我們去年參加了加速器競賽，我們是五家入選的小型公司之一。有食品業專家作為我們的導師，給予我們六個月的指導。其他的公司是為了吸引投資客來參加競賽，但我們當時還沒有創業的打算。如果我有不懂的事情，可以打電話給我的導師。」

市場：「人們總是需要即食義大利麵醬，用來做義大利麵和披薩、塞進青椒裡，或是製作辣醬。我們的利基是高端市場，不需要大量的顧客，我們只要一小塊市場，那些人會自己來找我們的產品。」

我問瑪麗，她是否覺得自己取得了一致性。「我當時立刻覺得我有達到一致性，」她說，「因為我很享受創業。不過，創業兩年之後，我們開始有一點利潤了，我開始納悶，如果我到現在都還沒有開始領薪水，那我創業到底是為了什麼？我們到底要往哪裡去？一位導師告訴我，新創公司的目標若不是為了創造穩定的獲利成長，就是為了被收購。我想了之後決定，我的目標是讓別人來收購我們，然後我們就會有更多的資源繼續發展，或是我們可以重新創業。想清楚之後，我找到了使命感，再次覺得我取得了一致性。」

瑪麗答出了所有的正確答案。你對於自己的人生，是否也能答出所有的答案？

練習

找到你的鄰近領域

一位成功的平面攝影師，能夠在中年轉換跑道，成為電影攝影師或是導演，但是她可能無法轉任腦外科醫生。電影攝影或是導演，與平面攝影在能力和理解方面相鄰近（需要面對攝影機、人和創意概念）；神經外科則否。因此，當我們為了打造無悔人生檢視自己的檢查表時，思考鄰近領域成了一件有趣的事。

假如連貫一致的動機、能力、理解、自信、支持和市場是必要因素，那麼鄰近領域就是加分因素。

當我們對自己的生活或事業感到失望，渴望從其他方面得到滿足，想像一個翻轉一百八十度的人生，暫時逃離眼前的困境，或許可以撫慰我們的心情。不過，如果我們轉換到的是，不離開自己的專長、經驗和人脈太遠的領域，我們的成功機率會高一點。然而，那並不表示我們必須受限於漸進式的小改變。我們可以嘗試跳躍式的改變，但先決條件是必須有鄰近性，和我們過去的成就有一些關聯（不論多麼間接的關聯）。

金墉（Jim Yong Kim）是我所認識最聰明的人。他在哈佛取得醫學和人類學博士學位，是全球健康和傳染病專家，以及非營利組織「衛生夥伴」（Partners in Health）共同創辦人。他曾任哈佛醫學院系主任，以及世界衛生組織愛滋病防治部門主管。他是麥克阿瑟「天才獎」得主，而且經常獲選為最具影響力的領袖。因此，在二〇〇九年，當他五十歲時，達特茅斯學院（Dartmouth College）邀請他擔任下一任校長，並不令人意外。

金博士和我討論了接受這個職務的利弊得失。他如果到達特茅斯，就需要和教職員、捐款人，以及令人頭痛的學生會打交道，這和他過去處理公共衛生危機的成就，相去甚遠。但另一方面，他過去不論嘗試什麼，都成功了。如果接受這份工作，他就不必經常出差，對他的兩個兒子來說，那個地方也是很好的環境。此外，他對於長春藤學校的學術生活並不陌生。我鼓勵他接受這個邀請，那會是個很有趣的挑戰。

但我忘了考慮鄰近性。那份工作可以讓他發揮科學專業，同時像他過去的工作一樣激勵他嗎？事實證明，那份工作他勝任愉快。不過，儘管他很喜歡達特茅斯和那裡的學生，他在那裡卻無法把所有的才能用出來。

擔任達特茅斯校長三年之後，世界銀行邀請金博士去華盛頓特區，管理這個龐大的組織。我們再度一起討論了利弊得失。乍看之下，管理世界銀行似乎比擔任大學校長距離他的專長更遙遠，金博士對於國際金融所知不多。但是，世界銀行並不是摩根大通（JPMorgan

Chase）那種金融機構，它是一個全球性的夥伴組織，目的是把錢投資在開發中國家，以消除貧困。

全球性、夥伴、貧困，這幾個詞彙定義了他的一生。對金博士來說，貧困與公共衛生危機不只相鄰近，根本是同一回事。如果他接受那份工作，就能把世界銀行的使命，導向對抗讓弱勢族群飽受痛苦的某些疾病，進而消除貧困。這一次，我不需要說服他接受這份工作，他知道那是他可以大顯身手的機會。他在世界銀行擔任總裁七年，據估計，他推動的計畫拯救了兩千萬條性命。如果能在履歷加上這一條，再高的代價我都願意付。

大多數的時候，當我們的技能和我們遇到的機會相鄰近時，我們會知道、有感覺。當我們的下一個機會感覺像是跨界（離開過去的自己，踏上一條未知的路，朝著我們想成為的自己前進），我們才會覺得「鄰近」是一個模糊的概念。但是當鄰近機會在我們眼前顯現時，跨界很快就變得合情合理了。

要為你想開創的人生尋找鄰近領域，你必須在自己身上找到某個資質，這個資質對於成功開創新的人生，非常重要。舉例來說，在五十年前，職業運動員或教練退休後，去擔任運動賽事電台轉播的主播，被視為一種跨界。但現在不同了。當電視台主管發現，運動員對他們的運動領域瞭如指掌，而且在鏡頭前和其他運動員講起話來很有可信度。在這個例子中，鄰近性在於運動員對於運動本身的認識（對內容的深入了解），而不是轉播能力，轉播能力可以邊做邊學。

請你這樣做

從你最近（例如，在最近三個月內）最常互動溝通的人當中，找出大約二十個人。在這些人當中，你和你最敬佩的人有沒有相同的技能或人格特質？如果有，這個技能能否把你帶進一個截然不同的領域？也就是說，「你想成為的人」，是否和「現在的你」有相似之處？

廣告公司創意總監的經歷，乍看之下，或許對於成為劇作家沒有太大的幫助。不過，當你看出這兩個角色的鄰近性：兩者都需要說故事的天分，你就會覺得轉換跑道是合情合理的事了。銷售員也是如此，如果你有銷售能力，你就能跨入任何一個需要靠說服力，使人掏錢出來的工作領域。一旦你在自己身上看出使你和別人有分別的特質，你會開始看見，這項特質能派上用場的所有機會。鄰近性大幅擴大了你的選擇範圍。

04 別無選擇的威力

只要有可能，我會盡量避免做選擇。如果你來到我的衣櫃前，你會看到架子上掛了超過五十件綠色 polo 衫；另一個架子上有二十七條一模一樣的卡其褲；地板上有六雙棕色真皮樂福鞋，有新有舊[9]。

綠色 polo 衫、卡其褲和樂福鞋（回想一下一九七六年左右的航空工程師），是我上班的制服。我刻意選擇這身裝扮，有個典故。有一年，《紐約客》（The New Yorker）的拉瑞莎・麥克法奎爾（Larissa MacFarquhar）為我做人物專訪時發現，我每次出現時都是這身裝扮。

那篇文章發表之後不久，看過那篇專訪的客戶如果看到我不是穿綠色polo衫和卡其褲，就會顯得很失望。於是我就順著他們的意思，從此以後都這樣穿。

後來我發現，我的制服給了我自由。每當我要出差（一個禮拜大約三、四次），開始打包衣服時，我不需要煩惱該帶什麼。不論是什麼會議或是對象，我總是穿綠色polo衫加卡其褲，我需要做的決定少了一個。在我工作的高階主管和人力資源的小圈子裡，這身裝扮成了我的註冊商標，有點像是老虎伍茲（Tiger Woods）在高爾夫錦標賽的最後一輪比賽時，總是在星期天穿紅色上衣配深色長褲（請原諒我自抬身價的比喻）。只不過我和伍茲不同，我不是為品牌代言，我只是想用這個例子說明，我從別無選擇得到的好處。

經過一段時間之後，避免做選擇（至少是一些對我來說無關緊要的選擇），已經成了我的優先要務之一。如果有陌生人刻意騰出時間來見我，我通常樂於撥出一點時間給他，我告訴自己：「這麼做也不會有什麼損失。」當我需要新的助理，我會雇用面談時第一個符合條件的人。到餐廳用餐時，我會問服務生：「你會選哪道菜？」（這麼做有一個附帶的好處

9.幾年前，我邀請南方貝爾（Bell South）三位高階主管來我家玩。我帶他們參觀我家，包括我的衣櫃。當他們看見那排一模一樣的卡其褲，其中一位對另外兩個人說：「感謝老天，我還以為他只有一條褲子。」

，我可以免於「買家懊悔」。不做決定，就沒有後悔的機會。）

這並非怠惰或缺乏決斷力，而是刻意為之，為了避免處理不重要的選擇。我想把我的腦力省下來，用來處理不時會冒出來的重大決定，像是答應接受新的客戶，擔任他的教練十八個月。有些人喜歡做選擇，像是執行長、電影導演，和室內設計師。對於某個併購案、某個演員的頭髮長度、牆壁的油漆該用哪個色階的灰色，他們喜歡有同意或否決的權力。我不喜歡，或許你也不喜歡。

選擇之必要

有詳盡的研究顯示，做選擇可能是你一天當中最花腦力的活動，它會消耗你的心力，進而導致你做出不智的決定。從早餐要吃什麼這類攸關健康的選擇，到是否要接某一通電話的瞬間決定，到耗費時間、通常很傷腦筋的買新車過程，包括研究車款、試駕，以及與銷售員討價還價，這些選擇都會消耗你的腦力[10]。

不論過哪一種生活，你都必須做選擇。要擁有無悔人生，你必須擴大對於規模、紀律和犧牲的認知，然後再做選擇。

一九六〇年代，我在山谷站的高中讀十年級，我們的英文老師要求我們讀完指定的文學作品後，交一篇作文，題目自訂，只要和我們讀的小說、劇本，或是短篇故事有關就行。她稱之為「自由發揮」。到了十一年級，我們換了英文老師，新老師也要求我們交作業，不過他會訂出題目。我問他，為何不讓我們自由發揮，他說：「我是在幫你們。這麼多年來，我的學生一直抱怨說，他們不知道要寫什麼。他們最不想要的，就是自由挑選題目。」

高中畢業了幾十年，我一直沒有想起那位老師，直到我見識到我的另一個老師艾倫．穆拉利的「經營計畫檢討會議」（business plan review, BPR）。艾倫在二〇〇六年成為福特汽車公司執行長，並設立了這個結構極為嚴謹的例行會議。經營計畫檢討會議每週四早上七點，在密西根州迪爾伯恩（Dearborn）福特總公司的雷鳥會議室召開，成員為公司的十六位最高主管。這個會議的出席是強制性的，如果無法親自出席，就要透過視訊方式參加，不允許找人代理。

艾倫每週會以相同的方式開始會議。「我是艾倫．穆拉利，福特汽車公司執行長。我

10.假如我請你把一天當中所做的所有選擇記錄下來（當然，你要做的第一個選擇是，要接受，還是拒絕這個建議，然後你要選擇是用紙張、便簽本、筆記本，還是數位工具來記錄。如果你選擇要用原子筆，而不是鉛筆或智慧型手機來記錄，你就要選擇用哪種顏色的筆……你懂我的意思了吧？），據你估計，一整天下來你要做多少個決定？暗示：我是極力避免做選擇的那種人，當我到下午四點記錄到第三百個選擇時，我就放棄了。

們的使命是……」然後他會開始說明母公司的經營計畫、預測數字，以及績效，以圖表呈現每個數據點，並以綠色（達成進度）、黃色（改善中，還沒有達成進度），和紅色（進度落後），來標示執行情況。他會用五分鐘講完，然後每位主管要照著他的方式報告：說出自己的姓名、職位、計畫名稱，以及用顏色標示每個專案的進度，在五分鐘內講完。艾倫同時要求，所有人要表現出有禮貌、合作的態度：不論斷、不批評、不插嘴、不能酸言酸語。他說：「可以風趣，但不能刻薄。」經營計畫檢討會議是個讓人有安全感的地方。

福特的高階主管一開始並不相信，會議真的可以沒有酸言酸語，沒有論斷。這也是許多主管不敢將自己的任何一個專案標為紅色的原因：他們很怕會被同事嘲笑。

在第一次會議上，艾倫當著大家的面，制止某人的嘲諷，從此以後，就再也沒有人敢譏諷別人。大家都知道艾倫不是在開玩笑。不過，要更久以後，這些主管才願意報告自己的執行狀態為紅色（也就是承認自己的事業單位力有未逮）。沒有人想要測試，艾倫承諾的「說實話不會被清算」是不是真的。一個月後，北美地區的主管率先表示，加拿大一條被關閉的產品線是紅色狀態。結果艾倫鼓掌嘉許他的誠實和坦白，在場的所有人從此知道，艾倫是玩真的。在那一刻艾倫知道，他已經贏得領導團隊的心了。不過，不是所有的人。

除了每週四上午那兩個小時的會議時間，艾倫不會管其他主管在做什麼。他的職責是服務他們，而不是把他們管得死死的。他相信，他在經營計畫檢討會議要求的公開透明和正派得體，最終會滲透到福特的每個角落。這個會議漸漸地改變了福特的文化。儘管如此，還是有兩位高階主管對艾倫說，他們無法接受他的管理哲學，這相當於是直言，他們覺得當好人是矯揉造作。艾倫對他們說，他很遺憾他們有這種感覺，但那是他們的選擇。他們知道遊戲規則：沒有例外。艾倫沒有開除他們，是他們開除了自己。

單一選項的選擇

讀過我的另一本著作《練習改變》的讀者會發現，這不是我第一次提到艾倫・穆拉利的方法。我認為他的經營計畫檢討會議是個很棒的管理工具，是我所看過最有效的策略，將人們嘴巴說出來的計畫，和他們執行計畫的狀況緊密連結。這是促成當責的神技，值得更多主管學習。不過近年來，我開始欣賞經營計畫檢討會議的制式嚴謹，所帶來的心理層面影響。**重點不在於我們的選擇，而在於做出選擇之後的部分，也就是我們如何為自己的選擇負責。它也非常適合用來創造無悔人生。**

艾倫對於經營計畫檢討會議的行為規範，是他給那些主管的一個禮物，而不是他們一開始所擔心的那種嚴格控制。我把艾倫的禮物稱為「別無選擇的威力」。那些主管如果不採取正向行為，就要另謀高就——這聽起來好像是艾倫讓他們二選一，但這並非事實。因為那些主管在艾倫召開第一次經營計畫檢討會議之前，早就可以離開福特，另謀高就。艾倫並沒有強迫他們離開，他只是給他們單一選項——在會議中採取正向的行為和溝通方式。在實質上，這相當於不給他們選擇。新戲已經開演，他們必須上場，否則就要下台。

這是「別無選擇的威力」中「別無選擇」的部分；至於「威力」指的是，艾倫把經營計畫檢討會議變成每週的強制性活動。

我們要先弄清楚，艾倫在福特公司推動的計畫，所代表的意義。經營計畫檢討會議的目的並沒有什麼神祕之處，正如其名：檢討經營計畫。在福特，這個計畫涵蓋了一切。福特還有許多其他的計畫——母公司的總體計畫，再加上總體計畫下面的十六個計畫，由十六個事業單位的主管負責，沒有人會搞混。每位主管在開始自己的五分鐘簡報時，會先把自己的計畫名稱像真言一樣逐字說出來。每週一次，參加經營計畫檢討會議的每個人，都知道公司的使命、自己的目標、為了達成目標必須做些什麼，以及何時可以宣布勝利。

我們想一下，這個做法在經營計畫檢討會議中創造的動力。艾倫只給每位主管一個選項——出席會議，了解你的計畫，報告你的進度，徹底的公開透明，以善意對待他人。艾倫透過這個做法，確保他們一定會投入，同時鼓勵他們公開展現他們的投入。他促使這個群體和每個人負起責任。每一週，所有的主管必須聆聽其他同事公布他們的進度，然後互相比較。這些喜好競爭的主管，過去很習慣得到內部和外部的認可，對他們來說，經營計畫檢討會議是一個令人生畏，但極具激勵作用的環境。他們不是自慚形穢，就是感到自豪，要從中做出選擇並不難。

要求這些高階主管每週報告數字，增添了緊迫性。他們不能拖延，或是允許自己被任何事分心。他們非得嚴格執行計畫不可。

艾倫希望，這些主管在每週四都能展現一點進步，把一些紅標變成黃標；黃標變成綠標。即便他們沒做到，他也不會發怒，反而會讚許他們的誠實。交出幾個紅標不代表他們是不好的人，他們在下個星期四可以有更好的表現。如果他們持續交出紅標，這代表他們可能無法靠自己的力量解決問題，這時艾倫會為他們找幫手。這些主管都知道，到最後，他們一定會突破困境。由於經營計畫檢討會議是強制出席，他們別無選擇，只能不斷進步。

我們不會在生活的其他方面，感受到這種每週要做出交代的緊迫感。這種緊迫感給這些主管一種對於未來的自主性。他們知道艾倫對他們的期待是什麼，也知道他們必須為自己的事業單位的績效負全責。當他們的紅標或黃標變成綠標，他們會覺得這個成就感是自己努力掙來的。這就是艾倫的經營計畫檢討會議最棒的地方，他給了這些主管力量來發揮他們的潛力。當你只有一個選擇時，唯一可以接受的回應，就是讓那個選擇成功。

如果艾倫的做法能讓一家岌岌可危、負債累累、腹背受敵的龐大公司絕處逢生，我們就能運用它，把稱不上是令人滿意的人生，轉變為無悔人生。我們會在本書的第二部詳加說明這個部分，現在，我們只討論選擇的問題。

選擇極大或極小

我一直認為，如果某人對自己的職業的真心話是：「就算不領錢，我也很樂意做這份工作，而現在，我還可以靠它賺錢，養家活口。」他就是世上最幸運的人。音樂人、電玩遊戲玩家、國家公園巡查員、時尚設計師、美食評論家、職業撲克玩家、舞蹈家、私人採購師、神職人員，這些人都擅長做他們熱愛的事，也熱愛他們擅長做的事——而且這個世界願意付錢給他們。不論他們的收入令人稱羨，還是非常微薄，他們幾乎都不後悔選擇走上這條路，因為那是他們覺得自己唯一能走的路。換句話說，他們別無選擇。

僅次於這群幸運兒的，是另一群功成名就的人，若有人問他們如何擁有這樣的人生，他們會說：「這是我唯一擅長的事。」我曾經從廣告奇才、園丁、軟體工程師和新聞記者口中，聽過這樣的話。他們沒有幸運到願意不收錢做這份工作，但選擇這份職業對他們來說，是輕而易舉的事，就和電玩遊戲玩家與神職人員一樣。他們相信自己別無選擇。

開創無悔人生的第一步，是做一個選擇——從你對未來的各種想法（假設你有想法），選出一個，並決定投入。這說起來容易，做起來並不容易。或許你是腦筋動個不停的創意人，腦袋裡的點子多到不知道要選哪個來執行；或許你的問題恰好相反：你沒有任何想法，而且自動處於維持慣性的狀態。

在這個無所適從的處境下，你要從何處著手？你要如何下定決心，選擇一條未來的路、決定做出哪些必要的犧牲、選擇哪個人生伴侶，以及居住在哪個城市？你如何確定，你的選擇可以讓你有最高的機率實現自我，而不是充滿懊悔？

一般人的第一步是自問：我接下來想做什麼？或是，什麼會讓我更快樂？但我要說，且慢！你這是本末倒置。首先，你需要採取其他的前置步驟，它們能幫助你從一大堆選項中，逐步篩選出一個，使你別無其他選擇。

要創造無悔人生，最重要的是規模問題——對於重要的事要極度看重；對於不會影響結果的事，就盡量不花心思。活出無悔人生的祕訣就是：採取極端，把你需要做的事極大化；把你認為不必要做的事極小化。

一直到四十歲的時候，我才明白這個道理。我今年七十三歲，我對自己的一生相當滿意，讓我懊悔的事並不多，所以我認為我贏得了無悔人生。我把這個成果，歸功於我在三十年前的深刻自省。

一九八九年，我清楚意識到，我那沒有刻意規劃，卻相當線性發展的職業路徑，將無法使我得到我想要的平靜規律生活。萊達和我有兩個年幼的孩子，我們背了沉重的房貸。那時我第一次開始思考，是不是要成為個人工作者，以企業培訓師為職業，沒有組織或合夥人當我的靠山。然而，如果我自行創業，將需要大量的出差，陪伴家人的時間也會變少，這令我相當擔心。當我省思人生時，這個有風險的未知領域，偶爾會在我的腦海浮現。

於是，對於這樣的人生的利弊得失，我做了一下成本效益分析：我是否具備必要的心理素質和資源，讓我保持快樂？我願意長期持續性地將這些資源極大化，同時抗拒其他重要和吸引我的事物嗎？換句話說，我願意為了在這條新的道路上成功，而付出代價嗎？

我的動機、能力、理解、自信都不是問題，我能勝任這樣的工作。我要評估的是，我需要做出多少犧牲。我排出我的優先順序，並且正視我願意做出的折衷取捨。對於這個某些人可能視為極度失衡的生活，我能找到平衡點嗎？

我按照字母順序，列出我認為主宰了我們的自我實現感的六個因素：

- **成就**
- **投入**
- **幸福**
- **意義**
- **使命感**
- **關係**

我很快地把非世俗因素想過一遍，包括使命感、投入、成就、意義和幸福。這五個因素以我們熟悉的方式環環相扣：使命感意味我出於某個理由做這件事，它確保我會全心投入；我的投入會提高我達成目標的機率，並因此為我的人生注入意義和短暫的幸福感。我不懷疑，我的新工作能達成這五點，提升其中一項，其他的也會跟著提升。

唯一剩下的是關係，也就是我的家人。我關切的是，我和萊達以及兩個孩子的關係，會因為我經常出差而受到多少影響。

當我思考這些問題時，我意識到，我所面對的並不是讓許多人感到困惑的，典型「全有或全無」二分選擇，好像我能自由選擇要出差，還是要待在家一樣。事實是：（a）這是我當時想出的最佳方案，讓我能過我想要的生活。這種生活與我的訓練、興趣，以及用有意義的方式幫助別人的渴望，是一致的；（b）有人願意聽我說話，我也可以藉此養家活口，使我很欣慰；最重要的是，（c）經常出差是這份工作中無可妥協的部分，就和卡車司機或是空服員一樣。

換句話說，我並不是在兩個選擇之間左右為難，我只有一個選擇，也就是我其實「別無選擇」。我唯一需要面對的，是規模問題。我的出差要求屬於什麼規模？出差多少天算是「最大化」？我待在家的日子「最小化」的結果是什麼？我所面對的，不是「選擇當企業培訓師，還是某個未知工作」這種困難的選擇。木已成舟，我只能在條件和程度上做一些權衡取捨。

如果無悔人生代表建設性的極端（全力投入真正重要的事），再加上一些犧牲和權衡取捨，那麼我那個時候，確實是認真思考要創造無悔人生。我當時別無選擇。

練習

翻轉腳本

創造無悔人生的第一個難關是，決定那應該是個什麼樣的人生。如果你沒有自己的看法，就只能憑運氣，或是倚賴別人的協助和洞察。然而，如果改變人生的想法出現在你面前，你能認出它嗎？你如何不讓慣性、安於現況、缺乏想像力，或是其他的障礙，阻礙你看出千載難逢的良機已經來臨？你要如何把握足以翻轉人生的頓悟，而不是白白錯失良機？那個重要問題的答案是什麼，只有你能決定。

請你這樣做

我無法要求你變得更有創意，或是在好運降臨時認出它來，但我可以提供你兩個步驟，幫助你靠自己找出答案。

1你怎麼幫別人，就怎麼幫自己。你能否回想起，自己曾經在什麼時候給某人一個改變他一生的忠告？或許你介紹一對男女認識，結果他們後來結了婚，過著幸福的生活；或許你把你得知的工作機會，告訴一個非常適合這份工作的朋友；或許有個朋友告訴你，你多年前對她隨口說的一句話，改變了她的一生；或許你曾經開除某個員工，你認為你是在幫他，後來那位員工來向你道謝，對你說，你的看法是對的，被你炒魷魚是他這輩子遇到最棒的事；或許你在某人身上看見了某個特點（不是缺點），並告訴他，他能做的事情還有很多。

在每個情況中，你在別人身上看見了他們自己沒有看見的東西。這代表你有能力想像出一條新的路。你曾經為別人這麼做過，現在請你為自己也這麼做。

2 從基本問題出發

「我接下來的人生想做什麼？」、「我能做哪些有意義的事？」、「什麼能帶給我快樂？」這些並不是基本的問題，而是需要深思的複雜問題，這些問題需要你用一輩子不斷地反思（但不要期待你會輕鬆或快速地找到答案）。基本問題只處理一個要素，因為人生中所有的重大決定，基本上都不需要四、五個理由來支持，一個理由就夠了。舉例來說，我們和某個人結婚，是因為我們愛他，而這個理由就足以超越其他的理由（不論是支持或反對）[11]。

「你愛他嗎？」是個基本問題。「你的顧客是誰？」、「這行得通嗎？」、「我們負擔得起嗎？」、「哪裡出差錯了？」、「你是認真的嗎？」、「你在逃避什麼？」也是。還有「你朝著什麼目標前進？」任何用詞簡單、需要費心檢視事實，以及你的能力和意圖的問題（也就是答案會令你不想面對的問題），都能成為基本問題。

當我針對人生的重要下一步給人忠告時，我最常提出的問題是：「你想住在哪裡？」這個問題基本到許多人連想都不會想。由於每個人的心目中都有一個理想的居住地點，所以我們可以毫不猶豫地回答這個問題。接下來，我們要開始好好思考自己的未來：在我們的想像中，當我們居住在這個理想中的城市時，我們都在做些什麼？我們能找到有意義的工作嗎？我們所愛的人對於搬家有什麼看法？假如我們有孩子或是孫子，我們能忍受和他們分隔兩地嗎？居住地點的選擇同時透露出，我們心目中理想的生活方式。

回答「夏威夷」或「瑞士阿爾卑斯山」的人，和回答「紐約」或「柏林」的人，所想像的生活並不相同。在瑞士阿爾卑斯山沒有百老匯表演可以看；在柏林沒有高山可以健行。這帶出下一個基本問題：「我在那裡每天會做些什麼？」這就是基本問題的價值：它強迫我們找出非常基本的答案，這些答案會激發更多有待回答的問題。

---

11. 這是我從自己的經驗領悟出來的道理。在聖地牙哥住了三十五年之後，萊達和我只基於一個理由，就決定要搬去納什維爾居住：我們的孫子住在那裡。我們後來發現，納什維爾是個宜居城市，不過那是意外的收穫。我們做決定的時候，並沒有把更好的生活品質，或是其他理由考慮進去。

透過這種方式，我們能找出我們對於現有生活的真實感受，以及我們希望它變成什麼模樣；有時候我們會發現，我們很滿意自己的現況；有時候我們會發現，我們非常不滿意現有的生活。那時，我們就需要發揮創意了。

05 渴望：看重未來更甚現在

到目前為止，我們討論的無悔人生，都與找到可以實現自我的事業有關。我們強調，許多人難以選出畢生志業，並踏上這條路。「我們要做出人生的重大選擇時，總是會顫抖不已，」丹麥作家伊莎・丹尼森（Isak Dinesen）寫道，「而當我們擔心自己做錯選擇時，會再次顫抖不已。」

然而，對許多人來說，投入某個職涯路徑一點也不煎熬，因為他們從事某個職業是為了謀生，不是為了活出無悔人生。他們渴求的價值觀和技能，與職業上的認可或財物累積，沒有太大的關係。

我認識一些人，他們的人生有很明確的使命，那就是「服務他人」。他們幫助的人越多，就越能在自己的生命中找到使命感和意義。他們透過服務他人，不斷獲取和累積使命感與意義，這種財富遠比金錢、地位和名利這類傳統的戰利品，更吸引他們。

我也認識一些人，比起為他人付出，他們更專注於使自己變得更完美（這並沒有不妥）。持續不斷精進自己，是他們為自己定義的人生目的。對於每個任務（不論是降低血壓或是提升ＥＱ），他們都會根據嚴格的自我要求標準打分數，一個他們永遠也達不到的標準。不過，他們越接近那個標準，就越覺得所得到的結果，是自己努力掙來的。

我還認識一些人，他們最大的渴望是精神或道德上的啟發——對於自己與這個世界的關係感到滿足，而不在乎有沒有物質上的收穫。或許應該說，正因為沒有物質上的收穫，他們才感到滿足。他們倚賴的有形物質越少，所獲得的啟發就越多。

我認識許多人，尤其是過了中年以後的人，他們會在大型家族聚會時，評判自己是否實現了自我。他們看著滿堂兒孫，對於自己把這麼多有貢獻的優良公民帶到這個世界，感到喜悅和得到認可。他們靠著努力成為負責任的大家長，擁有無悔人生。那是一輩子的責任，而且必須每天努力達成，沒有休息的一天。

當我們為了實現自我而努力，以上是一些我們希望實踐的優點和柔性價值觀（所謂「柔性」指的是難以衡量其數量）。那些優點突顯出一個區別：知道「你每天所做的事」，不等於「你現在想當怎樣的人」（who you want to be right now），也不等於「你希望成為怎樣的人」（who you want to become）。而這幾個概念乍聽之下，其實並不是那麼容易區別。

直到我開始寫本書，並且反思我是否實踐了我教導的觀點時（也就是「我是否活出了無悔人生？」），我才明白那個區別的重要性。如果我辦到了，我贏得的部分是受到哪個因素的影響？「我每天所做的事」，或是「我現在想當怎樣的人」，或是「我希望成為怎樣的人」？抑或是，我是否把人生的這三個面向成功融合在一起，以致於我可以心滿意足地對自己說：「任務達成了」？

相同起點，不同選擇

假如有兩個人擁有相同的背景和相同的事業起始點，他們為了不同的價值觀和道德觀而奮鬥，結果都擁有了無悔人生，這有可能嗎？在人生的任何一個時刻，「我們希望成為怎樣的人」，會比「我們所做的事」，或是「我們現在想當怎樣的人」，更能決定我們是否滿足嗎？我發現，最後這個問題，可以在我這輩子維持得最久的友誼中，找到答案。

我是獨生子，而法蘭克・華格納（Frank Wagner）可以說是我的異母雙胞胎兄弟。法蘭克和我在一九七五年相識，我們是博士班同學，我們有相同的老師，上同樣的課，一同取得心理學博士學位，剛踏入社會時有相同的導師，後來都成為企業高階主管教練；我們都住在南加州，我們居住的地方總是相距在兩小時的車程範圍內；我們結婚都超過四十年，都有兩個孩子。我們的年齡相同，也有相同的工作觀：我們想幫助他人改變行為。我如果遇到時間無法配合的客戶，就會介紹他們去找法蘭克。我與法蘭克為就業的準備、安排家庭生活的方式，以及我們想從事的職業，都非常相近。

但我們的相似點僅止於此。

就許多方面而言，**決定自己想成為怎樣的人，就像是採納某個人生哲理或信條，它成為我們用來解讀過去，以及決定現在和未來的前提。**法蘭克的人生指導原則（或稱為人生哲理）是平衡，他渴望活出平衡的人生，所以他給予人生所有的面向相同的發展空間，付出相同的心力，以形塑面面俱到的人格。他認真看待他的職業，但絕不因此犧牲其他的人生要務：成為愛家的丈夫和父親、維持健康的體格、對園藝和衝浪的愛好。彷彿他為人生的每個面向（責任、健康和業餘愛好）都分配了相同的比重，以達到完美的平衡。

你可以說，他是個極端不走極端的人。他的平衡原則最極端的例子，展現在他的體重上。他的理想體重是一百六十磅，近五十年來，他的體重與那個標準值的差距從來不超過二磅。如果磅秤顯示他的體重為一百五十八磅，他接下來幾天會多吃一點東西，使體重回到一百六十磅；如果磅秤的數字是一百六十二磅，他接下來幾天就會少吃一點。

比起法蘭克全面管理的決心，我（不論是過去還是現在）顯得缺乏紀律與混亂。我熱愛我的工作，工作時間對我來說充滿樂趣，不上班的時候我會覺得很無聊。我不需要靠渡假、嗜好和週末打高爾夫球，來讓自己放鬆。我的想法是，如果工作讓我感到快樂，我在家裡的時候，也會成為一個快樂的老公和爸爸，這不可能是壞事。

有一年，我刻意把出差日數從兩百天減少到六十五天，因為我的兩個孩子進入了青春期，我聽說這是父母最頭痛的時候。我沾沾自喜地認為，家人需要我花更多時間待在家裡。結果到年底的時候，十三歲的女兒凱莉對我說：「爸，你反應過度了，你把太多時間花在我們身上了。你可以去出差，我們會沒事的。」

法蘭克和我以一模一樣的履歷和機會，展開我們的事業，不過，我們對於實現自我有不同的計畫。法蘭克想要的是平衡的人生，而我對於極端不平衡的人生，可以樂在其中。我和法蘭克對於彼此的選擇都不加以論斷，我們開創，並活出了屬於自己的人生。現在我們已邁人七十大關，我們兩人的心中都沒有太多懊悔。我們認為我們贏得了自己的人生。在這場

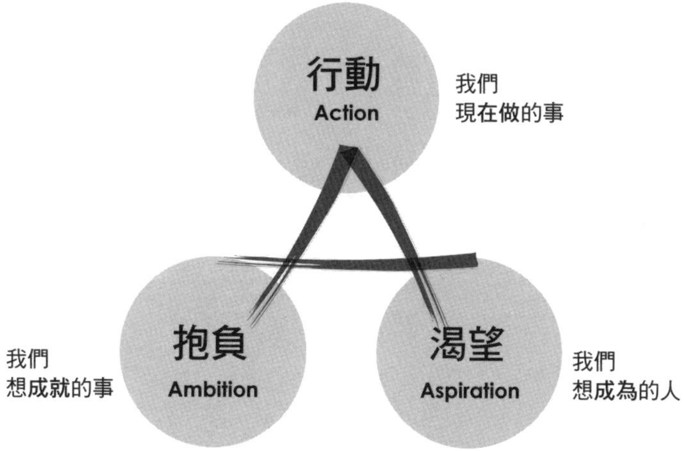

追求自我實現的終身衝刺賽（相信我，人生是一場衝刺，時間過得飛快），我們都贏得了金牌。怎麼會這樣呢？

答案在於三個獨立的變數——行動、抱負和渴望。我們追逐自己想要的人生時，這三個變數掌管了整個過程。

■行動是我們現在做的事（這是我的操作型定義）。它指的是，我們在一天當中所做的每一件事，從回答某個問題、付帳單、打電話，到相對靜態地在週日下午連看好幾個小時的電視。不論是動態還是靜態，我們的行動反映出一個有意識的選擇。行動的時間範圍是即刻的，就在當下，因此很容易描述：它剛剛發生；我們剛才做了這件事。

有時候，我們採取行動是為了實踐我們的抱負或渴望。法蘭克這一點做得非常好。例如，吃飯的時候，他的即刻行動取決於，他的體重是多於，還是少於一百六十磅，他會根據體重的數字，多吃或少吃一點東西。在人生的其他方面，他也同樣自律。

相形之下，我的行動比較不規律——除非和我的工作有關，只有在那個時候，我才會和法蘭克一樣自律。事實上，大多數人的行動是沒有目標的，受到當下的心情（或是更糟的，我們嘴巴說的目標）影響（例如，理論上，我們休假是為了充電，但我們卻帶著工作去渡假）。

抱負是我們想成就的事。它是我們對某個目標的追求，它有時間性，達成目標後，抱負就終止。它是可衡量的。我們的抱負不只有一個，我們可以同時有好幾個目標，包括職業、業餘、身體、心靈、財務等方面。它可能是成功人士最大的共同點。

渴望指的是我們想成為的人。我們追求的是比任何有時間性、某個特定目標更大的崇高目標。我們渴望服務他人，或是成為更好的父母，或是實踐更一致的生活方式或對待他人的方式。法蘭克從年輕時就精於此道，因為他很早就表明態度，要積極活出平衡的人生。我學得比較慢，在六十歲以前，一直沒有找到更崇高的人生意義。

渴望與抱負不同，它沒有明確的終點線。它是一個持續性的過程，沒有一定的時間範圍。它無法被衡量。它使我們得以展現更崇高的使命感。我們的渴望或許會隨著時間而改變，但它不會消失，不論我們有沒有說出來，它都存在。直到停止呼吸的那一天，我們的渴望才會畫下句點。

我們很容易會把抱負和渴望視為同義詞。但對我來說，這兩者不是同一回事。**抱負是達成某個特定目標的動作，它有一條終點線**；我們是X，想要達成Y。當我們達到Y了，這個抱負就終止了，直到我們找到下一個想達成的目標。**而渴望是一種持續進行的自我創造和自我認可。**它不是把X變成Y，而是讓X演變成Y，然後是Y+，然後是Y平方。

要活出無悔人生，不只要靠抱負和渴望，這兩者若沒有借助行動的力量，就無法發揮作用。我稱此三者為獨立的變數，因為我們能將它們分開，來理解它們各自的獨特屬性。我能記錄我在一天或一週當中所有的行動，然後加以研究，了解我的時間都用來做了什麼，計算我工作、分心、偷懶，或是辦雜事，各花了多少時間。然而，除非我能把這些數據，與我的抱負和渴望連結起來，否則這些數據就沒有意義。我們所有正向且持久的自我精進，都是源自與抱負和渴望一致的行動。當這三個獨立變數形成互相依存、相輔相成的關係，我們就擁有勢不可擋的力量，自我實現就在前方，懊悔得自動滾蛋。只可惜，這種情況不會按照我們所想的經常發生，而且理解很容易，但執行就困難多了。

我會在第六章詳細地討論行動和抱負，這兩者對於判斷我們究竟要冒險，還是要避開風險，扮演了非常重要的角色。我在本章會聚焦於渴望，解釋它和抱負的差別有多大，以及為何許多人能說出自己的抱負，卻說不出自己的渴望（反之亦然）。

舊的自己渴望成為新的自己

我們之所以覺得，要創造自己的人生如此困難，也畏懼做出任何改變（不論要改變的是什麼），原因在於我們無法預先知道，新的人生會是什麼樣子，或是我們會不會喜歡它。那是因為人生的不同階段不是斷然分開的，我們不會在一天之內，突然從舊的自己變成新的自己。這是一個漸進的漫長過程，我們在這個過程中，會一點一點看見自己的未來。芝加哥大學哲學系教授艾格妮絲．卡拉德（Agnes Callard）把這個過程稱為「渴望」（她以這個主題寫了一本書，名為《渴望：成為的自主過程》〔Aspiration: The Agency of Becoming〕）。

以生小孩這個人生的重大選擇為例，這個選擇和其他的選擇不同，因為它不僅為我們創造了為人父母的新人生，也創造了新的生命。成為父母之前，我們可以自由自在地享受沒有小孩的生活，或許一天工作十四個小時、週末去攀岩，或是晚上去上烹飪課。我們知道，有了孩子之後，我們的生活方式會受到限制，而且我們可能因此心生怨懟，因為我們不再擁有無拘無束的時間。但我們無法確知，也無法預料，當我們抱了好幾個小時終於把寶寶哄睡，或是完成了我們原本非常害怕的其他育兒責任之後，所得到的滿足是什麼感覺。

渴望是「沒有小孩」和「成為父母」之間的橋樑。懷孕九個月期間的欣喜、焦慮、預備工作、產檢，以及自我照護，都是渴望的一部分，我們嘗試體驗將來會有的情感和價值觀。這就像是暑假實習（我們嘗試體驗一份新的工作），唯一的差別是，孕期結束後，我們需要對孩子做出一輩子的承諾。卡拉德教授說，我們決定要生小孩時，不該把成為父母想成一個獨立的事件。它是一個過程：「舊的自己渴望成為新的自己。」她認為，我們的渴望帶有一種英雄般的成分，因為我們對於自己所渴望的東西中的美好，有一種「預先且間接的領會」。儘管不保證我們會得到我們想要的，也不保證當我們得到時，我們會喜歡所得到的東西，我們的心依然生出這個渴望。

卡拉德教授說，**渴望是「一種理性思考過程，我們經過這個過程，而開始關心新的事物」，它給我們力量，決定是否要獲得某些價值觀、技能和知識。**但我們也無法立刻獲得這些東西，獲得的過程需要花時間，需要耐性。渴望讓我們在跳下水開始長泳之前，先用腳趾頭試一下水溫，看看我們喜不喜歡，我們有決定權，而且沒有時間或其他方面的壓力。

在這個意義上，渴望的過程就像是新聞記者為了寫一篇報導所做的研究和採訪。在完成調查和採訪之前，這名記者不會知道完整的故事，也不知道最後的結果是什麼。在蒐集所有的素材，並寫出報導之前，她不會知道這篇報導的意義。寫這篇報導的過程會涉及刪除、修改、中途修正、因為遇挫而中止，然後又重新開始，有時甚至會放棄這篇報導。

這名記者在一開始的時候，完全不知道事情會如何發展。隨著她一字一句、一頁一頁越寫越多，她的初衷也越來越接近實現的一天。這個渴望的動作，把產生意圖的「舊我」，與實踐意圖的「新我」連結起來，使她得到的是自我實現，而非懊悔。

抱負和渴望之還有一個差異值得我們深思。當我們實現我們的抱負後，得到的快樂無法長久留住。我們獲得升遷、贏得錦標賽冠軍，或是在三小時內跑完馬拉松，這時，我們歡慶這個成就，開心了一小段時間（或者更有可能是，沒有我們想像中那麼開心），然後那個感覺就消失了。我們心中的佩姬．李（Peggy Lee）會冒出來，自問「就只有這樣嗎？」（譯注：「就只有這樣嗎？」是爵士女伶佩姬．李的經典名曲。）

一位朋友告訴我他的求學故事：他的母親是需要工作養家的單親媽媽。在他九歲時，母親把他送去讀寄宿學校，那裡的學生不是孤兒，就是只有單親家長的「半個孤兒」。他和其他一千二百個男孩終年住在學校裡，所有的生活支出都打點好了。那是他第一次遇到真正關心他的學業的好老師。他開始用功讀書。學校的創辦人在學校禮堂後方的牆壁上，設置了一個榮譽榜，從一九三四年開始，把每一屆第一、第二名畢業生的姓名刻在方形銘牌上，列成兩排，掛在牆上。

我的朋友說，「我在高中時期唯一的抱負，就是把我的名字放上那面牆，成為畢業班的第一或第二名。我的目標是在學校留下永久性的印記。畢業的一週前，期末考成績出爐，校長把我和另一個學生叫到辦公室，向我們祝賀，那個學生是第一名，我是第二名。就只有這樣。沒有獎牌、沒有鑲框證書、沒有拍照讓當地報紙報導、也沒有畢業典禮致辭，甚至沒有把我們的銘牌掛上牆壁的儀式。我們的名字要在畢業之後才放上那面牆，成為紀念。不過在那個時候，我人在一百英里之外，和我母親住在一起，利用暑假打工，期待進入大學。我把青少年歲月全都獻給了一個抱負，我享受勝利榮耀的時間，只有在校長辦公室的那十分鐘。有意思的是，我不曾親眼看見榮譽榜上的那塊銘牌。」

我敢保證，從小到大，你一定也經歷過類似的感覺不下數十次。你設定了一個目標，或許達成了，或許沒有達成；當下或許覺得狂喜，或許感到羞愧，然後這件事就過去了。這就像是你一路搭便車旅行，你的抱負就像是讓你搭乘的汽車，它把你帶到目的地。你下車之後，環顧四周，然後決定是要留下來一段時間，還是再找下一輛便車，帶你去下一個目的地。實現抱負的人生就是像這樣不斷重複的過程，不過，這樣的人生不一定讓你感到幸福，或是滿足（這一點很重要）。

渴望是一場冒險

由於渴望的重點是學習「關心新的事物」，它會引導你去做一些比抱負更持久、更值得發展和保護的事。卡拉德教授以渴望擁有更多古典音樂的知識來舉例，我們試著來思考一下。

你認為擁有古典音樂的鑑賞力，是個值得努力的事。你的出發點或許相當高尚（古典音樂被視為一種精鍊的藝術形式，而你想知道，巴哈、莫札特、貝多芬、韋瓦第那些偉大的音樂家，是不是真有那麼厲害），或許相當務實（你想達成一項代表有涵養的指標），或許是為了自己的益處（你想跟上其他更博學多聞的朋友），抑或是你在某部電影裡聽到了一段經典的古典樂，例如帕海貝爾（Pachelbel）的「卡農」（Canon），或是巴伯（Barber）的「慢版弦樂」（Adagio for Strings），而你想聽更多這樣的音樂。

重點是，你對這件事產生了好奇心，並願意為它付出時間精力，但不知道事情會如何發展。你無法預測自己會著迷，還是覺得無聊，也無法預測這個你想獲得的新品味，是否值得你這麼努力。於是你開始看書、聽演奏錄音、參加音樂會、認識一群愛好古典樂的新朋友。你用幾年的時間建立了傲人的基礎知識，那是幾年前的你無法想像的事。這就是渴望給你的禮物：即使你接下來著手進行其他的計畫，例如，學習怎麼製作家具，你依然擁有古典樂的基礎知識，這個技能或優點已經成為你的身分認同的一部分。這樣的基礎不會像實現抱負所得到的短暫快樂一樣，迅速消失。你可以繼續在這樣的基礎上，打造自己的人生。

對渴望的了解是一個轉捩點，它可以大大改變我們開創人生的能力。人們遲遲不敢在職業上做出冒險的決定，因為他們需要先確定，最後的結果一定是好的，所冒的險一定會得到回報，這樣的例子我不知道看過多少次，尤其是在年輕人身上看到。他們不明白，結果能得到保證的選擇，在本質上就不是冒險。他們也不了解，**對某件事產生渴望（例如成為律師），是一個漸進的過程，它的價值是逐漸顯露出來的，而且會在我們這一生，不斷地提升它的價值（如果幸運的話）**。

當我們渴望成為律師，我們會去上法學院，我們用三年的時間上課、聽演講、熬夜讀書，我們會經歷繞路、驚喜和困難，得到一個我們在上學第一天想像不到的結果。我們不是熱愛法律，就是認定自己不適合走這條路。對某件事產生渴望（不論是享受、忍受，或是厭惡這個過程），我們才會知道自己比較喜歡哪個結果。我們必須實際投入渴望的體驗，才會知道繼續向前進，能帶給我們什麼樣的滿足（或不能）。光靠想像是無法得知結果的。

不論往哪個方向發展，都很簡單明瞭。最好的情況：我們渴望成為律師，於是我們學習去愛上法律；當我們愛上法律，我們會投入更多心力，並因此成為更優秀的律師。最糟的情況：我們去找其他的目標，奉獻自己的精力。

渴望是幫助我們在人生中避免懊悔的有效機制，還有另一個原因。避免懊悔不是渴望的目的，而是內建的好處。在渴望的過程中，我們會一點一點更清楚，自己的努力會帶來滿意或失望的結果。這也代表我們可以在任何時刻（尤其當我們痛苦的時候），掉頭往回走——在懊悔找上我們之前。

舉例來說，假設你渴望透過古典樂找到喜樂的路，卻遇到了障礙。你沒有從古典樂得到你一開始希望得到的喜悅和高尚鑑賞力，或者你不願意花精神繼續做你原本在做的事——聽音樂、參加音樂會、學習看樂譜。這個有挑戰性的渴望，變成了一件苦差事，你覺得你學得夠了。你大可以在你後悔自己浪費時間和精力之前，就中止這件事。

中途放棄算不上丟臉或失敗（最優秀的軍事將領，對於進攻和撤退都同樣擅長）。你的抱負很容易被別人知道，但渴望是私人的活動，你所追求的能力和價值觀沒有人知道。只有你知道你想做什麼；只有你能評斷結果的好壞；只有你覺察到，一個新的你正緩慢、逐步地形成；只有你獲得了關心新的事物帶來的自我實現感；只有你有權力中止這個計畫。

一方面，我讚揚渴望具有重要的激勵作用，促使我們提升自己，追求崇高的內心嚮往；另一方面，我也認為渴望具有非常寶貴的煞車作用，就像一個預警系統，它會告訴我們要停止動作，並重新思考自己在做什麼。我知道這其中有矛盾，但不要因為這雙重角色而感到混亂。渴望是你最好的朋友，不論它激勵你向前進，還是告訴你不要再浪費時間。當你達成了你一直放在心上的抱負，但最後你卻想問自己，「就只有這樣嗎？」這肯定是一種進步。

行動，抱負，渴望

當我向我的客戶和其他教練說明行動／抱負／渴望模型時，他們一聽就懂。他們當下的理解是，這3A（Action/Ambition/Aspiration）（我的暱稱）是三個獨立的變數，它們不必然互相連結，我們必須把這三者分開。他們明白，對許多人而言，行動是任意、不聚焦的，只為了滿足衝動或當下的需求。人們煮晚餐是因為肚子餓了；人們工作是因為需要賺錢養家活口；人們到住家附近的酒吧看自己最喜歡的球隊比賽，是因為他們的朋友都這麼做。這些行為情有可原，不必然是無奈或不開心，但這些行動和哪些目標，甚至更高的使命連結呢？

然後，我把這張表格放在我的客戶和那些教練面前。

我走到每個人身旁，請他們在空格填入內容。我很想知道，有多少人能把某個行動與特定抱負連結，再與他們生命中的渴望連結起來。那些事業有成的主管和領導人，很快就定義了行動和抱負，但他們往往在渴望那欄留下空白，彷彿他們從來沒想過這件事一樣。但我一點也不驚訝。

我所認識的成功企業人士，絕大多數過著由抱負主導的人生。他們有很強的動力，想成就特定的目標，所以他們能要求自己按照抱負採取行動。此兩者是同步的[12]。然而，假如他們不留意（尤其是在競爭激烈的企業環境，達成目標是計算成功的方式），自我要求有可能會變成目標成癮。政治人物一開始會以渴望（崇高的理想）為競選訴求，但由於政治圈亂象叢生，且充滿妥協，他們最後必須根據抱負（需要贏得下一次選戰），來決定要做什麼事。

同樣的，企業主管也有可能會忘記自己的價值觀，以及最初設立目標的理由（也就是實踐他們的渴望）。如同充滿惡鬥的政治環境可能使政治人物被污染，企業主管也會被他們的工作環境污染。非常普遍的例子是，由於對目標成癮，這些主管忽略了他們宣稱要照顧的人，也就是他們所愛的人。他們迷失在自己的抱負裡，不論他們是否定義了自己的渴望，或是陳述了更崇高的價值觀。他們倒不如去靶場練習打靶就好。

另一方面，那些一心想要助人和充滿理想的教練，填寫那份表格的狀況則截然不同。他們很清楚自己的渴望是什麼（例如專注於當下、服務他人、使世界變得更好），卻不太知

活動：	行動	抱負	渴望
時間範圍：	當下	有時間性	沒有時間性
簡述：	你所做的事	你想成就的事	你希望成為的人
定義： （想寫多少都可以）			

道達成渴望所需的行動和目標是什麼。他們不太願意去做一些網路時代必備，但他們覺得困難、不自在的事（主要是透過社交媒體、寫作和公開演講，融入市場），來擴展他們的服務範圍，幫助更多人。他們的事業發展得確實還不錯，但他們沒有實踐自己的渴望，因為他們沒有將渴望和行動與抱負做適當的連結。在許多情況下，他們從來不曾釐清，自己的行動和抱負應該是什

12. 我認識的企業主管中，很少人不把「被視為優秀領導人」列在抱負的前一、兩項。我教主管們要在職場克制自己，不要讓嚴厲的論斷和評語脫口而出。因為優秀的領導人不會製造一個有惡意的環境，他們努力以慷慨和善意對待所有人，包括那些表現不如預期、可能需要嚴格要求的同事。當這些領導人一時疏忽，忘了他們每天與人互動的方式，應該要符合他們的主要事業目標，他們就會向我求援，請我回去提醒他們，他們的抱負是什麼，並幫助他們調整行為，與他們的抱負一致。

麼[13]。

我在本章簡短說明了渴望是什麼。最後一點是最重要的一點，因為它呼應了我在第一章提出的觀念。在第一章，我請你試著用佛陀啟示的「每一次呼吸典範」，用這個新方法來了解你自己，以及了解你在世上的時間，是由連續的片段所組成。你的自我是由一連串無數個自我組成，包含過去、現在和未來的自我，你每呼吸一次，就從這個自我變成了下一個自我。渴望的機制恰好能支持，並說明這個典範。（「渴望」aspiration 一詞源自拉丁文 aspirare，意思是「呼吸」，誠然是最生動的說明）。

還記得柯蒂斯·馬丁嗎？儘管態度有所保留，他在二十一歲時還是決定成為職業美式足球運動員，因為他想投資於未來的自己。他打美式足球不是因為他熱愛這項運動，他不知道自己能不能在這個領域出人頭地。跑衛的平均職業壽命是三年，他必須冒險，包括腦振盪、腦部受傷、身體受到永久性的傷害（就像是上戰場一樣，但沒有人感謝你從軍報國），但這是可以接受的風險。他對於退休後的自我渴望，使他與過去的自我切割，透過十一年來名人堂等級的運動事業，他獲得了新的價值觀和自我認識，逐漸成為一個他完全料想不到的自己。

渴望的核心精神是，看重未來更甚於現在。你可以把它視為從舊到新的力量轉移。不論你認為你多麼討厭冒險，當你心生渴望，你就選擇成為某種程度的賭徒。你以現有的時間和精力為賭注，寄望未來的你會比現在的你更好。當你發現，自己為了贏這場賭局，突然變得頑強，且充滿創意，千萬不要訝異。人生就是這樣贏來的。

---

13. 我在二〇二一年八月為我自己填寫了這份表格。我的渴望是「趁著我還有時間，盡可能為最多的人創造最大的益處」；我的抱負是「在二〇二二年出版一本名為《放手去活》的書」；我的行動是「坐在書桌前，整天寫作」。在這個例子中，我有取得一致性。我所做的事，與我隔年的目標一致，而這個目標實踐了一個比較遙遠的夢想：盡可能幫助最多的人。

練習

誰是你心中的英雄

我們都需要英雄。這個需求如此強烈，當我們遇到一個故事（不論是短篇故事、電影，或是笑話），這個故事必須有一個清晰的英雄人物，才能抓住我們的注意力。當我們找不到英雄（或是反派英雄），就會失去興趣。英雄的存在，是為了吸引我們的崇拜，並啟發我們。這不是什麼爭議性的概念。然而，我透過一位朋友，土耳其工業設計師愛瑟．波賽爾（Ayse Birsel）的幫助，才把我對英雄的著迷，做進一步的提升——從崇拜和啟發，提升到渴望。

這個故事始於一個簡單的問題。我參與愛瑟的「設計你所愛的人生」（Design the Life You Love）研討會，花了好幾個小時激勵學員要更勇敢地採取決定，自己接下來想做什麼。突然，有一位學員扭轉了局面：

「如果你覺得這很容易，那你接下來想做什麼？」有人問我。

我頓時腦筋一片空白。愛瑟是解決問題大師，她試著幫我。

「我們先從一個簡單的問題開始，」她說。「誰是你心目中的英雄？」

這個簡單。「艾倫・穆拉利、法蘭西斯・賀賽蘋（Frances Hesselbein）、金墉、保羅・赫賽（Paul Hersey）、彼得・杜拉克。當然，還有佛陀。」我回答。

「為什麼？」她問。

「嗯，我是佛教徒。杜拉克在晚年的時候成為我的導師，他是二十世紀最偉大的管理大師。」

「好，除了喜歡他們的觀念之外，他們還有哪些『像英雄一樣』的特點？」

「他們竭盡所能把自己所知道的一切給予最多的人，然後讓那些人傳遞出去。雖然佛陀兩千六百年前就死了，杜拉克在二〇〇五年以九十五歲高齡過世，他們的觀念一直還在世間流傳。」我說。

「何不向你的英雄看齊呢？」她說。

在那一刻我意識到，除了崇拜我的英雄老師之外，我還可以做更多。我可以採納他們的觀念。我可以渴望和他們一樣，向他們學習最令我敬佩的特點（不論我能做到的是多麼微不足道）。這激發了我的渴望，去分享我所知道的事，當我的想法逐漸成形之後，我也開始採取行動。

愛瑟種下了種子，然後這個種子開始發芽成長。長久以來，我一直認為我的生命中沒有「下一個遠大志向」，我有所渴望的日子早已遠去。但這個種子使我「意外」形成了一個跟我志同道合的小社群「百人教練」（100 Coaches）（我會在第十章詳細解釋）。如果我能做到，你也能。

請你這樣做

我們把自己心目中的英雄擺在太高的位置，幾乎不把他們當成效法的榜樣。下面四個步驟可以修正那個錯誤：

- 把你心目中的英雄的名字寫下來。
- 你最欣賞這個英雄的哪個價值觀或優點，用一個形容詞來描述。
- 把他們的名字劃掉。
- 換上你的名字。

然後等待你的下一個渴望出現。

練習

決定你的二選一

這個練習也是受到愛瑟的啟發（這個練習也需把文字劃掉，所以把你的筆準備好）。

二○一五年，愛瑟剛開始推廣她的「設計你所愛的人生」研討會，她請我帶幾個朋友參加她在紐約辦的研討會——捧個人場，因為那場研討會只有六個人報名。結果我帶了七十個人去參加。愛瑟並沒有顯露出緊張或害怕的樣子，至少我看不出來，但我同時知道，在幾十個陌生人面前講話一個多小時，需要展現多一點的個人特色（相較於在六個人面前講話）。六個人是聚餐的人數；七十個人是一群觀眾，因此我決定幫助她提升活力。

愛瑟曾經告訴我：「如果我被困在荒島，而且只能擁有一個創意工具，我會選的工具是二選一解決法。」產品設計中她最喜愛的部分，是做出二選一的決定，例如，這個設計應該是經典還是現代、小巧還是功能齊全、獨立產品還是能擴大成系列產品，諸如此類。理想上，設計最好是兩全其美：經典的設計，但運用現代的材質，像是用鋁合金，而不是傳統鋼材製造的福特F-150皮卡車。不過，二分法應用在日常行為上，似乎會迫使我們二選一，而不是加以融合。樂觀還是悲觀？加入群體還是獨來獨往？主動還是被動？你只能選一個，不能兩個都要。

我記得愛瑟對二分法的喜好，所以在研討會開始之前，我把她拉到旁邊。「我不知道你覺得自己是內向，還是外向，」我對她說，「但今天不是選擇內向的日子。我們來唱歌。」然後我開始唱電影「銀色星光」（There's No Business Like Show Business）的主題曲（譯注：那是一九五四年的音樂喜劇電影）。神奇的是，她知道歌詞，並且和我一起唱。唱完之後她開心地大笑，我告訴她，「記住這種感覺。觀眾到這裡不是來開商務會議的，現在是表演時間（This is showtime）。」

有一半的人看見的世界不是黑、就是白；另一半的人看見的是不同深淺的灰色。我和愛瑟一樣，屬於前者（前一句話就是最好的證明）。如果你和我一樣，你會知道，把世事看成無數個二分法的選擇，不會自動讓你的決定變得更容易。你只是把許多選項減少成兩個，你還是必須選一個。當你一開始要找出自己的渴望時，這一點尤其重要。除非你希望徹底改變性情，否則你的渴望不應該與你的主要偏好、優點和怪癖有很大的衝突。你需要找出經常在你的生活中出現的二分法選擇，尤其當那些選擇一再成為問題或失敗的源頭（例如，拖延或是守時）。然後你必須決定，你想成為哪一種。

步驟1 列出清單

半滿的杯子	半空的杯子
放手	緊抓不放
天賦	努力
論斷	接納
出名	匿名
有耐心	沒耐心
保守的	先進的
室內	戶外
城市	鄉村
認真	樂趣
領導者	追隨者
給予	付出
圈內人	圈外人
理性	感性
信任	懷疑
深思	魯莽
規避風險	接納風險
錢很重要	錢不重要
欠缺時間	欠缺金錢
平衡	失衡
安靜	喧鬧
需要被人喜歡	不需要被人喜歡
短期	長期
接受你所屬的文化	排斥你所屬的文化
果斷	優柔寡斷
賣弄炫耀	成為壁花
嘲諷	真誠
主動	被動
維持現狀	前進
深刻	膚淺
受雇	自雇
已婚	單身
出差	在家工作
內部認可	外部認可
不公平	我已經看開了
拖延	準時
對質	逃避
務實	作夢
專注當下	容易分心
延遲滿足	即刻滿足

步驟2 劃掉對你不重要的選擇

半滿的杯子	半空的杯子
放手	緊抓不放
天賦	努力
論斷	接納
出名	匿名
有耐心	沒耐心
保守的	先進的
室內	戶外
城市	鄉村
認真	樂趣
領導者	追隨者
給予	付出
圈內人	圈外人
理性	感性
信任	懷疑
深思	魯莽
規避風險	接納風險
錢很重要	錢不重要
欠缺時間	欠缺金錢
平衡	失衡
安靜	喧鬧
需要被人喜歡	不需要被人喜歡
短期	長期
接受你所屬的文化	排斥你所屬的文化
果斷	優柔寡斷
賣弄炫耀	成為壁花
嘲諷	真誠
主動	被動
維持現狀	前進
深刻	膚淺
受雇	自雇
已婚	單身
出差	在家工作
內部認可	外部認可
不公平	我已經看開了
拖延	準時
對質	逃避
務實	作夢
專注當下	容易分心
延遲滿足	即刻滿足

步驟3 在剩下的選擇中，劃掉其中一邊的選項

半滿的杯子	半空的杯子
放手	緊抓不放
論斷	接納
出名	匿名
認真	樂趣
領導者	追隨者
給予	付出
信任	懷疑
規避風險	接納風險
欠缺時間	欠缺金錢
平衡	失衡
需要被人喜歡	不需要被人喜歡
短期	長期
果斷	優柔寡斷
賣弄炫耀	成為壁花
主動	被動
維持現狀	前進
深刻	膚淺
受雇	自雇
已婚	單身
出差	在家工作
內部認可	外部認可
不公平	我已經看開了
對質	逃避
延遲滿足	即刻滿足

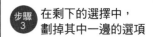

✎請你這樣做

■步驟一：盡量列出你想得出來的二分法選擇。（參考上頁，我提供了四十種，你可以自己添加更多。）

■步驟二：把所有不適用於你的選擇，用筆劃掉。

■步驟三：從剩下的選擇中，決定你屬於哪一邊。你是領導者還是追隨者？派對主角還是壁花？專注當下還是容易分心？如果有需要，可以問一下你的伴侶或朋友的意見。現在，把另一半不適用於你的選項劃掉。你最後會得到一張清單，上面有許多被遮蓋的部分，就像美國政府對中情局探員的回憶錄所做的事。

完成這個練習之後，剩下那些沒有被劃掉的字，透露出你的界定性特質。你不能反駁這個結果，因為那是你自己做出來的結果。這些特質不僅影響你所渴望的，也影響你能否實現你的渴望。

加場演出：把做完的結果和最了解你的人分享（如果你敢的話），你會得到非常寶貴的反饋。

06 你高估了機會，還是風險？

還記得我們在序言的第一頁遇見的年輕計程車司機理查嗎？他犯了一個天大的錯誤，並懊悔終生。理查提到，他開計程車載一位很聊得來的年輕女孩，從機場到她父母家，好不容易在他們相識一週之後得到第一次約會的機會，結果他卻沒有赴約。

當理查告訴我這個悲傷的故事時，我覺得他的決定簡直莫名其妙。但是，我後來想了好幾年，也和理查討論過之後，我認為我知道，他為何會在女孩父母家三個街區之外僵住，然後掉頭離開，從此再也沒有見過那女孩。理查犯的錯，並不是突發的怯場或懦弱，那不是造成他做出錯誤決定的原因，而是結果。他所犯的錯，是未能適當評估第一次約會伴隨的機會和風險。他把風險看得過重，把機會看得過輕，以致於錯失良機。

他並非世上唯一失算的失意人。對於我們每個人來說，失算是家常便飯。

我們等一下會再談理查犯的錯，但首先，我們稍微深入探討一下，機會和風險的關係，以及我們為何經常無法在兩者之間找到平衡，以致於做出糟糕的選擇。

當你要決定是否要「投資」時，機會和風險是你應該考慮的兩大變數，不論投資的是物質，還是你的時間、精力，或忠誠。機會代表的是，你的選擇帶來的效益的規模和可能性；風險代表的是，你的選擇帶來的成本的規模和可能性。

當你的選擇明顯偏向「機會—風險決定」的任何一邊[14]，而你能準確判斷（即使無法完美判斷）平衡點，你就很容易能做出讓自己睡得安穩的決定。假如我們認為，我們的選擇保

14. 這類決定更常被稱為「風險—報酬決定」。在我看來，這是個有誤導性的名稱，因為它不正確地把風險和報酬綁在一起。它假設你做其中一個，就會得到另一個；如果我們冒險，就必然會得到報酬。這當然是很荒謬的看法。如果報酬是必然的，哪來的風險？我比較喜歡用「機會」一詞，因為它更精確地點出了風險在哪裡。冒險的好處不是報酬本身，而在於得到機會贏得報酬；冒險之所以不愚蠢，正因為我們不知道可能得到的報酬是什麼。我們無法掌控的其他因素，可能對結果產生負面的影響。當我們冒險時，我們所做的其實是選擇抓住機會。我們或許會得到報酬，或許不會。

證會創造很大的益處，而且幾乎沒有機會造成損失，我們就會這麼做；假如我們認為，我們的選擇保證會帶來很大的損失，而且幾乎沒有機會獲得益處，我們就會避免這麼做。

有時我們會為風險擔憂，於是會去尋找資訊，幫助我們用有吸引力的機會，來平衡風險。例如，你想去一個溫暖、天氣好，離你在波士頓的家沒有太多時差的地方渡假。你選擇了一個費用符合預算的加勒比海小島，最大的風險是，什麼時候去。你不想在氣候狀況不穩定的時候去渡假，於是你用谷歌搜尋那個小島的氣候四季變化。

你發現六月到八月太熱，九月是颶風季，十月和十一月濕氣太重，十二月和一月的日照時間最短。你最後做出結論，三月和四月是暫時逃離新英格蘭酷寒冬季的最佳時機——那個小島的天氣晴朗、日照時間長，下雨機率最低。你以這種方式，利用機會來平衡風險，讓自己有最高機率擁有愉快的假期。沒有人能保證情況一定會順利，但這已經足以你感到安心。谷歌，謝謝你。

有時候，機會遠比風險高得多，你唯一的風險是，拒絕相信你遇到了一個好到讓人不敢相信的機會。假設你有機會以一個一美元的低價，買一百個小工具。由於你一直密切追蹤小工具的市場變化，你也恰好知道有某個人急需那一百個小工具，並且願意用一個十美元的價格來買。這位顧客並不知道一美元就能買到，在這個情況下，他欠缺的資訊就是你的優勢。你用一百美元買了那些小工具，然後以一千美元賣出，淨賺差額——你的投資創造了百分之九百的報酬。

小工具市場在你買入和賣出的短暫時間內崩盤的情況，極度不可能發生，這是你最接近只有機會、沒有風險的決定。這種事在債券市場和商品交易所，一天會發生數千次。你認為豬五花肉的售價過低，於是以低價買入，以高價賣給某個急需這個商品的人（或是認為你的價格依然偏低的人），賺取利潤。這種涉及數百萬元的複雜計算，需要倚賴複雜的軟體和高速超級電腦的支援。

你會發現，像這種具有財務風險的金錢交易，全都有系統和基礎架構的支援，以強大的科技能力快速擷取歷史資料，計算機會和風險的平衡點，提升你做防禦性選擇的能力，同時降低你做出不智選擇的機率。許多商業決策是倚靠這種數據取向的優勢做出來的，這比過度依賴情緒或直覺好多了。

但我們的日常生活並不是這樣。例如，當我們要決定結婚對象、住在哪個城市，或是轉換工作的時機時，我們沒有太多工具，可以幫助我們平衡機會和風險。這些決定是我們人生中最重要的決定，後果的影響很大，我們有可能會感到懊悔，而且我們沒有太多工具，能確保我們做出明智的選擇。然而，我們往往憑著衝動倉促做出選擇。我們受到過去的成功和失敗的經驗，或是其他人的意見影響。最糟的是，我們讓別人替我們做這個決定。

風險與時間範圍有關

有沒有一種方法或概念性結構，能夠幫助我們減少情緒和非理性思維，藉此減少高風險的選擇，同時做出更明智的選擇？

出庭辯護律師有一句格言：絕不提出沒有答案的問題。同樣的，上述問題也有答案。答案就在第五章介紹的獨立變數三重奏：行動、抱負和渴望這３Ａ。對我來說，**區分這三個變數最重要的一點，是時間範圍：每個變數所指的時間，和現在相距多遠？幾分鐘、幾年，還是一輩子？**

渴望指的是，我們此生為了實現更崇高的使命所做的每件事。它沒有時間範圍，我們的渴望沒有終點線。

抱負指的是，我們集中精神要達成特定目標。它在一定的時間範圍內進行，這個範圍由達成目標所需要的時間決定。抱負可能是以飛奔，或是龜速朝著終點線前進，這個速度是快是慢，取決於目標的複雜度和難度。我們可能用幾天、幾個月，或幾年的時間實現抱負，然後再追求下一個目標。

行動指的是，我們在某個時刻所從事的活動。行動的時間範圍是當下，永遠發生在現在。它唯一的目的是滿足當下的需求。我們早上起床後肚子餓了，於是去吃早餐；電話響了，於是我們去接電話；紅燈變成了綠燈，於是我們踩下油門。我們大多數的行動是反應式的，沒有經過深思熟慮，甚至不在我們的掌控之中。我們像是被線操控的木偶，而操控那些線的不一定是我們自己。

我認為，區分這三個時間範圍，以及了解此三者之間的關係，對於我們能否真實活出無悔人生，有很大的影響。我注意到，許多和我合作的執行長都面對一個誘惑：他們幾乎完全只活在實現抱負的範疇。他們總是注視著目標，利用（或指揮）他們的行動來實現抱負。尋找，並完成生命中更崇高使命的這種渴望，幾乎不在他們的視線範圍內。一直要到他們的執行長任期的尾聲，他們才會納悶，「我到底是為了什麼而忙？」

這個情況與我那些情操高尚、充滿理想的同事和朋友相反。我的某些同事和朋友過度看重渴望，以致於犧牲了抱負。他們有崇高的夢想，卻很少實踐。

我希望讀者能夠明白，當我們讓這三個變數取得一致性，使行動與抱負同步，抱負與渴望同步，我們的人生會變得更加充實滿足。

我還想提出另一個重點：將行動、抱負和渴望連線的動態過程，也適用於風險決策。

3A提供一個概念性結構，幫助我們做出更好的選擇。當我們需要選擇接受，還是拒絕一個巨大的風險，我們要先問自己，**這個選擇涉及什麼樣的時間範圍：長期的渴望、短期的抱負，還是當下的行動（亦即滿足即刻的需求）？**如果我們知道答案，就會知道什麼時候冒險是值得的，什麼時候冒險不值得。於是，我們應該會在比較明智的時機冒險，盡可能把機會完全轉換成報酬。

舉個例子，我二十七歲住在洛杉磯時，很喜歡穿著泳衣，帶著趴板去曼哈頓海灘衝浪。我不是那種能夠站在衝浪板上乘風破浪的高手，我只是個趴在板子上衝浪的菜鳥。不過，陽光、海浪，以及乘風破浪時的小小危險，非常刺激，令人上癮。有一天，我和兩個朋友漢克與哈利去衝浪，那天我覺得自己的膽子特別大。衝浪有兩個選擇：小浪還是巨浪。如果你選擇小浪，你有機會多衝幾次浪；如果你像老手一樣選擇巨浪，就要划遠一點等待大一點的浪，這種玩法會更刺激一些。那天，隨著時間漸晚，浪也變得越來越大。我們成功征服一些小浪之後，漢克、哈利和我開始慫恿彼此，挑戰巨浪。

我們三個人彼此刺激互相挑戰，我的自信和腎上腺素也隨之不斷上升。我懸著一顆心越划越遠，來到其他老手等待巨浪的地方。我可以在地平線看見一陣巨浪正朝著我們而來。我朝著九英寸浪划去，我俯伏在趴板上，那個浪看起來像山一樣高，即將把我吞沒。結果，果不其然，我的時機沒抓對，我被巨浪以強大的力道推向岸邊，頭部著地。我的頸椎在C5和C6處骨折。有一段時間，我不確定自己將來還能不能走路。我的左手臂有九個月的時間無法使用。不過，我最後還是康復了。那年夏天，有三個人受了類似的傷，但他們不像我這麼幸運，他們從此無法行走。

3A檢查表

當我躺在醫院病床上的那兩個星期，我有很多時間可以回味複雜的心情，一方面為自己的決定感到非常懊悔；一方面很慶幸自己沒有因此癱瘓或喪命。假如我那時候就參透了行動—抱負—渴望三部曲，我或許會做出更審慎的決定（或許不會）。不論我得到的結果是什麼，至少我經過深思熟慮，同時心甘情願接受結果。

我會知道，我人生的渴望和衝浪一點關係也沒有。我從來不想當很厲害的衝浪高手，那不是我想成為的人。我會知道，我對衝浪的抱負僅限於練出足夠的純熟度，可以享受衝浪的快感，但絕不冒受傷的險。我也會看出，我當時的選擇是被行動牽著走，只為了獲得即刻快感，而沒有顧及「我是」，以及「我想成為」怎樣的人。我會認為，假如那時有3A這個工具，幫助我決定是否要冒險，我會做出不同的選擇，雖然我不敢保證一定是如此（使用3

A可以減少我們的不理性思維，但無法杜絕不理性思維）。如果是現在的我，肯定會做出不一樣的選擇。

我們對風險和機會的誤判，不需要像我的頸椎骨折一樣戲劇性和悲慘，而是可以輕微無害，只帶來短暫的好處。以在賭場選擇玩吃角子老虎的人為例，角子機通常被稱作「賭博的快克古柯鹼」，它的進帳可以高達賭場收益的百分之七十五。我在研究所研究過成癮行為，角子機成癮是我最難理解的現象之一，而且我有很長一段時間，一直沒有找到解答。吃角子老虎這個遊戲顯然對莊家有利、對玩家不利，每個人都知道這件事！但人們為何還要把錢投資在這個遊戲上？每台機器的中獎機率不同，並且會標示在機器上，而這個遊戲永遠是賭場裡最難贏大錢的前幾名。

我的碩士學位專攻數理經濟學，因此我知道機率論學者用哪些方程式來說明，想玩角子機來賺錢是多麼愚蠢的事。那些學者非常理性，他們認為，玩角子機是一種投資報酬率很低的財務腳本。我也這麼認為。我是個理性思考、聚焦於未來的人，我的問題在於，我假設賭博者對報酬所認定的時間範圍，和我一樣。就渴望而言，我無法想像，有任何人會無止境地盯著螢幕上顯示的閃亮燈光，並從中找到人生的意義；就抱負而言，我無法想像，有任何人會立志成為世界頂尖的角子機玩家。後來我終於明白，渴望和抱負與玩角子機沒有任何關係。人們長時間黏在角子機前，不是為了得到長遠的好處，他們對於那個模糊遙遠的未來，一點興趣也沒有。他們的時間範圍只限於行動的維度，他們聚精會神盯著拉霸的結果，然後再拉一次，接著再來一次，直到他們覺得厭煩，或是把錢用完為止（平均來說，一百美元在四十分鐘就會輸光）。

我開始明白，為何有這麼多到賭場玩的人，會對角子機上癮，因為他們陷在行動的維度。我也終於知道，我們如何在人生旅途中落入同樣的陷阱，關鍵在於時間範圍。對於渴望，我們聚焦於自己所做的事帶來的終極利益，不受時間限制；對於抱負，我們聚焦於自己所做的事，在未來一定時間內帶來的利益；對於行動，我們聚焦於自己所做的事，帶來的立即可見利益。角子機的玩家全都停留在行動維度，以及它所帶來的立即可見利益。

在我看來，他們出於想知道自己有沒有「贏」的短暫微小刺激，而讓錢打水漂。不過，由於玩家處於當下的時間範圍，所以這個行為幾乎成了一件合理的事。一美元拉一次霸的成本很低，所以就算贏大錢的機率很低，他們也可以接受，他們賺到的是享受當下體驗到的刺激感。角子機玩家在玩的，是一個原先我沒有看見的遊戲，他們透過遊戲得到的好處，幾乎就和再拉一次霸一樣短暫。他們樂於冒這個險，因為他們獲得的短暫興奮感和「娛樂」，彌補了他們在金錢上的損失。從投資的觀點來看，這或許是最明智的投資。

但那不是我會下的賭注。在我的人生中，玩角子機和我的抱負和渴望，完全沾不上邊。它只帶來風險，沒有機會。

我們在人生中所冒的險，應該是掌握充足資訊、深思熟慮後的決定，因為賭注太高，而後果可能改變我們的一生。利用3A來審視最明智和最不智的風險（如同我當年在衝浪時應該做的事），就像在很短的購物清單中打個勾一樣輕鬆。在我和漢克與哈利在海邊衝浪的那個豔陽天，3A原本可以這樣幫助我：

- **我所冒的險，是否代表與我的即刻需求一致的行動？**是。
- **若答案為「是」，我的行動是否與我的抱負一致？**否。
- **我所冒的險是否與我的渴望一致？**否。

當「否」的數目比「是」更多，你就該三思是否要冒這個險。（以我的例子來說，我做出的結論是，我當下之所以想挑戰巨浪，是為了讓我的死黨對我刮目相看。只要我的思考點超越那個時刻，我就不可能被那個理由說動。）至少，你會對於自己經常出於未經處理的情緒，和不假思索的衝動而冒險，感到非常驚訝。

事後看來，我們可以從這個相當容易完成的3A檢查表，學到一個顯而易見的重點：當我們過度聚焦於行動，而忽略了渴望和抱負，往往會在評估機會與風險時，做出很糟的決定。這是典型的拔河賽，我們對於短期利益的期待，與我們的長期福祉拔河，而短期利益贏了！然後帶來愚蠢的風險（或許這個典型的衝突，也曾使你損失慘重）。

最好與最壞

我們在風險評估時所犯的另一個典型錯誤，是上述概念的反面。當我們對短期成本（風險）的恐懼，妨礙我們抓住取得長期利益的機會，我們就犯了這種錯誤。

這就是理查所犯的錯。自從他告訴我他的故事之後，我曾經和他討論過上述觀念（那個女孩名叫凱西）。我們一致同意，他當時的情緒掌控了他，使他做出抱憾終生的決定，那個情緒混合了多種不同程度的恐懼，害怕被人論斷，以及害怕被人發現自己有所不足：

- 害怕看起來很愚蠢（他開計程車，她讀的是長春藤名校）
- 害怕被看穿（她住在豪宅區的大房子裡，他高攀不上她）
- 害怕被拒絕（她的父母會反對他們交往）

• 害怕失敗（他們的第一次約會可能變成最後一次約會）

理查過於高估和凱西約會的風險，同時因為被恐懼蒙蔽，嚴重低估了他手上的機會。假如他能夠超越當下的恐懼，並聚焦於未來，換句話說，假如他在評估要採取什麼行動時，能夠考慮到，他想更進一步發展自己和凱西在計程車上開啟的關係，其實是合理的抱負，甚至可能實現找到終生伴侶的渴望，那麼他或許就不會在五十年之後，還在為自己的選擇感到懊悔。

當他在凱西家三個街區之外，在他掉頭離開之前，他原本可以根據自己的抱負和渴望，來衡量自己的行動，然後思考自己的最佳長期利益。他可以自問：「最糟的情況會是什麼？」並得到答案：「她的父母不喜歡我，我說了一些蠢話。我們的約會很不順利，我從此再也沒有見過她。這也是沒辦法的事，人生就是這樣。」然後繼續過他的生活。如果他這麼做了，那麼他長期以來的遺憾，肯定會減少一些。

當你在追求機會的過程中感到害怕時，要立刻尋找原因。問問自己，你到底在怕什麼？如果你害怕的是，可能會遭遇短期的挫折（例如，被拒絕，或是看起來很蠢），那麼你就要改變你著眼的時間範圍。試著從多年後的角度，來看這個經歷。被人拒絕會在你的心裡留下一輩子的傷痕嗎？還是只是造成暫時的不愉快，像是皮膚上的小傷口，很快就會復原？然後從相同的地方，思考你的機會。**如果你把握這個機會，最好的情況會是什麼？你的人生會變成什麼樣子？你對這樣的人生有什麼感覺？**

3A檢查表是個簡單的工具，它使我們有更高的機率，以適當的觀點來看待風險。但不要因為它很簡單，就在思考看似不要緊的決定時，低估了它的重要性。畢竟，當我們所做的決定會影響我們的抱負和渴望時，我們面對的，是此生最重要的一些議題。事實上，人們不太擅長分辨什麼是重要的選擇、什麼是不重要的選擇。在做決定的當下，我們會過度高估某些選擇的影響（後來發現這些選擇不具有太大的意義），同時過度低估其他選擇（事實證明那些選擇改變了我們的一生）。

我當時沒有想太多，就決定划到更遠的地方去等待更大的浪，結果差點毀了我的一生。理查在二十一歲的時候決定不赴約，結果到了五十年後的現在，還在後悔自己的愚蠢。我們不擅長預測什麼能帶給我們快樂，我們也同樣不擅長預見，我們以為不重要的決定所造成的後果。任何決定只要涉及抱負和渴望，就絕對不是小事。使用3A檢查表不會讓我們每次都做出完美的決定，但它會消除一些意料之外的情況。當我們發現，看似無關緊要的決定其實影響重大時，我們不會感到訝異。

07 縮小範圍找出你的獨特才華

或許你注意到，我在第五章提供的二分法選擇清單，有一個嚴重的疏漏。那個疏漏是故意的。我指的是人們在成年之後，勢必要面對的選擇：要成為通才，還是專才？

這個問題沒有正確答案。不論選擇走哪條路，我們都有機會獲得無悔人生。你最後會成為通才還是專才，純粹出於個人偏好，由你經年累月的經歷決定。不過，你必須做出選擇，決定要走哪一條路。另一個選項（既不擅長很多種事情，也不專精於某一件事的中間模糊地帶），不是明智的選擇。

我不會評斷你的選擇是好是壞，但我也不是沒有既定立場。事實上，我想聲明，我個人偏向專才這條路，因為那是我這輩子所走的路，而現在的我看不出我有其他的選擇。對於這個議題，我有既定立場，而且我理直氣壯（不要說我沒有事先提醒你）。

若從我的學歷來看，並看不出我現在會成為這樣的我。我不是刻意要成為專才，我的博士學位專攻行為科學，有比人類的行為更包山包海的範圍嗎？但我從研究所畢業之後所做的每件事，都在練習一步步縮小我的職業興趣，變得越來越專精。

首先，我感興趣的不是人類所有的行為，我只對組織行為感興趣。換句話說，我只想聚焦於人們在工作時間的行為（人們在其餘時間的行為歸別人管）。

其次我發現，因為失敗的挫折而無心在工作上全力以赴的人，我一點也不想和他們合作。我想和成功人士合作，而且不是所有的成功人士，而是極為成功的人，也就是執行長，以及其他最高階的領導人。

我的範圍一直不斷縮小。若有客戶想要和我合作，我會對他說，假如他想在傳統的管理領域（像是策略、銷售、營運、物流、薪酬和股東）尋求協助，就不要找我。我只聚焦於一件事：客戶的人際互動行為。如果他在職場的行為會對與他共事的人造成負面影響，我能幫助他改善情況。

這個過程不是一夜之間完成的。我花了很多年的時間不斷嘗試與犯錯，吸收客戶的反饋，把我的弱點剔除，同時保留優點。到了快五十歲的時候，我才覺得我的範圍縮小得夠小了。我不僅是職場上人際行為的專才，我還刻意把我的潛在顧客群壓縮到無窮小——只包含執行長和差不多位階的人。

若以醫生這個職業來打比方，我相當於把我的職業縮小成：只幫新罕布夏的左撇子男性治療主動脈瓣疾病的心臟外科醫生。然而，我越是往這個狹窄的範圍裡鑽，我就變得越厲害，直到某一天，我能理直氣壯地把我的獨門絕活（幫助事業有成的執行長改變行為，永遠不再故態復萌），稱為我的「才華」。在三十年前，沒有太多人做這種事。我不但根據我自己範圍狹小的興趣和能力，創造了一份獨一無二的工作，有一度，這個領域裡只有我一個人。我在實質上創造了屬於我自己的人生[15]。

當這種情況發生時，全世界的機會就會蜂擁而至。而我深信，這會使你更有可能擁有極大的滿足和極少的懊悔。你創造了一個良性循環：你正在做你注定要做的事，你很擅長做這件事，人們認可你的能力，並主動找上門來，你的能力一直不斷提升。那是個令人羨慕的位置，也是贏得的成就的精義。你成為了我所謂的「有獨門絕活的天才」。

此處的「天才」，指的就是字面上的意思。這種人專心致志鑽研某個狹窄的專業領域，出類拔萃，不論是他的親朋好友，還是不認識他的陌生人，都能一眼看出來。我舉個例子。我有一次到紐約參加會議，在早餐會議開始之前，不慎咬裂了牙齒。我在開會過程中痛苦不堪，並且急切需要找牙醫處理我的問題。邀請我參加會議的東道主看到我如此痛苦，堅持要我當天去看他的牙醫（診所在洛克菲勒中心），並且當場幫我約好門診。「他一定可以搞定你的問題，」他向我保證，「他是個天才。」

這種誇大的拍胸脯保證我不是第一次聽到。每個人都認為自己的醫生、保母、水電工、按摩師是曠世奇才，一定能解決你的問題。這一次，那位東道主是對的。我一踏進牙醫診所，一句話都還沒有說，接待員就以我的名字招呼我，接下來由口腔衛生師清潔我的牙齒，那位牙醫的治療過程無微不至、小心翼翼，所使用的是最先進的設備。我當下知道，我面對的是一位以自己的專業自豪的牙醫聖手。

如果在你的家鄉最大條的馬路上，整條路上的紅綠燈不只有三個，那麼你一定認識像那位牙醫一樣的人，他們或許是工匠、律師、老師、醫生，或是教練。他們對於自己專業的

---

15. 我很希望我能說，這個職涯發展策略是我深思熟慮想出來的，但事實並非如此。我需要經過一段時間才領會到，（a）比起一般的高階主管，執行長面對的議題影響更深遠；（b）服務最高階主管的收費比較優厚。

專精程度，會讓你見識之後立刻佩服得五體投地，我把這種人視為「有獨門絕活的天才」。贏得諾貝爾獎的物理學教授理查．費曼（Richard Feynman）在給學生以下建議時，心裡想的就是這種人：

愛上某個活動，然後動手去做！只要你深入挖掘，幾乎每件事都非常有趣。挑一件你想做到盡善盡美的事，然後盡你所能地努力。不要想著你想成為什麼，而要想著你想做的是什麼。對其他的事保持最低程度的了解，使社會無法成為你的阻力。

我無法告訴你該成為哪一種「專家」，或「有獨門絕活的天才」。在我眼中，達到這個境界的客戶和朋友形形色色，不過，他們運用下列五個策略中的一部分或全部，找到自己的「才華」，幾乎沒有例外：

❶ 找到你的才華需要時間

很少人一進入職場，就知道自己是通才還是專才。因為大家都和我一樣，人生的經歷太少，還沒有做過各種嘗試。知道自己的才華是什麼的人，那就更少了。這個過程至少要在成年後經過十到二十年的歷練，才會完成。有人把這段時間稱作「接觸期」，以你既有的知識和能力基礎為起點，持續接觸新的人群、經驗和想法，把對你有益的能力加進來，把無益的丟棄掉。最後，你把你的能力範圍縮小到，最能讓你全心投入，並實現自我的程度。我就是這樣，但另一個更鮮明的例子是桑迪．奧格（Sandy Ogg）。他不僅在職業生涯的晚期成為一位專才，而且他的專長就是辨識其他的專才，尤其是能為組織增加最大價值的專才。

我在讀研究所的時候認識了桑迪，當時我們一起在保羅．赫賽教授辦公室工作。桑迪後來進入企業界人力資源領域，很快就晉升為摩托羅拉（Motorola）最大事業單位的人資長。二〇〇三年，他到消費品巨擘聯合利華（Unilever）擔任人資長。當時，四十五歲的桑迪已經是傳統人資領域的專家，包括訓練、發展、福利、薪酬、多元職場等等。然而，聯合利華的執行長要桑迪把那些工作都交給副手去做，他要桑迪設計一種方法，找出公司未來的領導者。

桑迪全力投入這個挑戰，並在很短的時間內發展出一種方法，能夠測量他所謂的「將人才與價值連結」（Talent to Value）。他利用一個獨家的方程式，分析聯合利華的三十萬名員工，結果發現，聯合利華有百分之九十的價值，是由全公司裡的五十六個人創造出來的。

我對「出色」的定義是，想出一個從來沒有人想到的點子，但是任何人一聽到這個點子，都會覺得它是理所當然的。桑迪的洞察就是如此出色，而且使聯合利華的股價一路上揚。於是私募股權公司黑石集團（Blackstone）挖角他，去做類似的分析，找出哪些人為黑石集團內的所有公司增加了最大的價值。

桑迪發現，高階主管增加的價值，與他的薪酬高低沒有太大的相關。他的洞察揭露了一個所有執行長都渴望知道的數據點：組織裡誰領的薪水太高；誰領的薪水太低。這對私募股權公司格外重要，因為他們所有的投資都來自槓桿資金，因此，在出售資產時能做出適當的估價，是極為重要的事。他們從售出資產得到的每一塊錢，可能相當於原始投資的十倍。桑迪的方程式能夠界定，值得留住的員工和應該解雇的主管。此外，桑迪也知道，有一些人特別有價值。由於私募股權的投資報酬率非常驚人，所以給他們再高的薪酬都是值得的。桑迪也發現，這些人全部是專才，而他們的價值全都源自他們的「特別之處」。他說，這種人不論開價多高，都要照給。

當桑迪在公司裡深入挖掘價值被低估的人才時，他總是在尋找被管理階層忽略的專才，這些人鮮少屬於每週高階主管會議中出現的通才型領導階層。桑迪會在組織裡與各個階層的員工面談，聽聽他們對其他同事的評價，留意有沒有哪個名字一再得到讚許，被大家視為公司裡的超級明星。有一次，桑迪不斷聽到採購主管的名字被人盛讚。當他向執行長做第一次報告時，他問執行長：「請告訴我公司裡十個最重要的職務。」

那位執行長先從自己數起，然後按照組織架構一一點名。

「採購主管呢？」桑迪問他。

執行長一臉茫然。

「你知道你的採購主管是誰嗎？」

執行長毫無概念。

桑迪告訴他，他最好認識一下這個人，因為這個人有為公司省錢的天分，而且桑迪知道金額是多少。桑迪說：「如果你失去這個人，公司價值會出現一個六億美元的天坑。」

桑迪揭露了一個事實：為公司增加價值的某個角色，以及公司為擔任那個角色的人所做的投資，包括訓練、薪酬和培育，兩者完全脫節。在桑迪看來，這樣的人基本上是個專才，他有時會被忽略、被低估價值，但時間不會太久。

在我的眼中，桑迪是個標準的「有獨門絕活的天才」。他從包山包海的人力資源專業知識出發，然後不斷聚焦，最後來到最高管理階層裡、某個值得特別關注的數據點：誰的薪水太高、誰的薪水太低？然後他把這個議題縮減成一個問題，一個執行長不知道自己應該問的問題：**組織裡哪個人的薪水再高也是值得的？**

有意思的是，當桑迪為公司找出創造價值的那個人，他其實在找的是，和他一樣的人：某個專才由於做的工作太有價值，以致於無法被商品化，或是被取代。桑迪是「有獨門絕活的天才」這個概念的專家。

下次當你納悶，自己為何需要花那麼多時間，才找到一份能夠讓你全心投入，並實現自我的工作時，請回想一下這個概念。你需要花好幾年（而不是好幾個月）的經驗，來發展知識基礎、工作習慣與人際關係，使你能夠一步步縮小範圍，找出專屬於你的專長。換句話說，你必須讓自己發展成熟，才能開始縮小範圍。

❷ 對的人才若放在錯的角色上，是無法發光的

桑迪開始嘗試在聯合利華「將人才與價值連結」時，他發現，他忽略了一個重要的元素：人們所擔任的角色。如果你把有才華的人放在錯的角色上，他們的才華會被浪費，而且他們會失敗。再多的才華也無法駕馭不適合的角色。

桑迪在聯合利華洞悉，不是三十萬名員工當中的五十六個人，為公司貢獻了百分之九十的價值，而是五十六個角色做出那不成比例的貢獻。而桑迪的工作是把每一個角色與對的人配對，當他辦到時，他可以聽到「喀啦」一聲，就像扣上安全帶時聽到的聲音。無法達

到那種契合，就無法創造價值。

我們每個人的生活也是如此。我們在生活中會扮演各種角色：伴侶、同事、父母、朋友、手足、兒子、女兒等等。出於直覺我們知道，我們在一個角色上展現的行為，不一定適用於另一個角色。基於這個原因，我們和部屬說話的方式，與我們和配偶說話的方式不會一樣。不過，我們需要做一些事，才能夠與我們的角色和諧同步。

我們是否為每一個關係注入價值？我們為角色注入價值的作為，是否與我們的能力相契合？最後，這個角色對我們來說很重要嗎？我們每天早晨起床時，是否高高興興地開始扮演這個角色，而不是心不甘情不願、迫於無奈而接受這個角色？當這三個問題的答案都是肯定的，我們才有比較高的機率，成為「有獨門絕活的天才」。

❸有獨門絕活的天才不是只會做一件事

不要把「有獨門絕活的天才」，和具有貶義的「只會做一件事」混為一談。「只會做一件事」帶有論斷和詆毀的意味。這種人因為別無選擇，只能把有限的能力應用在所有的情況下，像是面對所有情況時，都做出一成不變的反應，或是在籃球場上只有一招動作。他們就只會這一招。

相反的，成為有獨門絕活的天才，是經過深思熟慮之後的選擇，那是我們所渴望的，而不是勉為其難才接受的。我們搜遍自己的工具箱，把不夠好的能力丟棄，把注意力集中在，我們願意用一輩子的時間慢慢精進的才華上。

比起特定的才華（你的獨門絕活），使它盡善盡美的真誠態度，其實更重要。在那個意義上，每個人都能成為有獨門絕活的天才。你不需要擁有數學、音樂，或是網球天才般的超級天分，也能成為擁有獨門絕活的天才。城裡最棒的壽司師傅，是擁有獨門絕活的天才（他的「獨門絕活」是處理生魚這一種食材；他是「天才」，因為他的能力完全不受限於處理生魚）。生意接不完的破產辯護律師、預約總是排滿的美髮師，以及總是帶出冠軍常勝軍的高中合唱團指揮，也是如此。他們是當地的頂尖人物，這樣的身分所帶來的內在和外在認可，使他們往往能透過自己的獨門絕活，實現自我。

❹ 你的獨特之處可以成為你的才華

「你科學」（YouScience）是納什維爾的一家性向測驗機構。創辦人貝西・威爾斯（Betsy Wills）指出，要從所有可能的潛在能力找出我們的才華，我們不僅要檢視使我們開心的傾向與習慣，也要檢視那些讓我們感到挫折的傾向與習慣。

貝西從她的丈夫雷利．威爾斯（Ridley Wills）的職業選擇，觀察出這個心得。雷利在青少年階段就對美學上的秩序和精緻，發展出獨到的眼光。他的外公是一名建築師，父親是歷史文物保存學者，因此雷利熟知建築這個行業的所有一切。他能分辨三十種不同深淺的藍色，也看得出木工師傅做出來的作品水平線是否拉直。設計圖或蓋房子的時候如果有什麼不對勁，他不但能一眼看出，還會想要加以修正。他對雜亂的房間也有相同的反應，一旦看到房間亂七八糟的，他非得收拾整齊不可。這是個禮物，也是詛咒，因為這種生活方式會讓人筋疲力竭，而且令人抓狂。

雷利上大學的頭兩年，情況並沒有好轉，直到他意識到，他注定要當個建築師。於是他從史丹佛大學轉學到維吉尼亞大學，因為維大有很強的建築系師資，以及優美的新古典風格校園。大學畢業後，他回到納什維爾成立工作室，很快就闖出名號，他的公司很快就成為全市最頂尖的住宅設計和營造公司。

三十多歲的時候，他參與一項研究計畫，那是一個心理特徵與職業的媒合研究。經過兩天的檢測，研究人員做出的結論是，雷利有很強的「音高辨識」，類似有絕對音感的音樂家，或是有完美嗅覺的侍酒師。雷利把音高辨識的能力應用在設計上，不斷在房屋的品質和美感上，看見微小的差別。研究人員並不知道雷利的職業是什麼，他們告訴雷利，他最適合的是要求精準、注重細節，以及需要精緻美學分辨力的工作。他們建議他去當藝術品攝影師，或是高檔住宅修繕專家。

「大多數的人達到百分之九十的完美就夠了，」貝西對我說，「我先生的目標是達到百分之九十九的完美。很奇妙的，他就是選擇了能讓自己釋放那百分之九十九強迫傾向的行業，讓自己過得快樂，而不是把自己搞得慘兮兮。」

那不是我第一次聽到這樣的例子：某人把可能使自己變得很悲慘的特質，變成自己的獨門絕活。多年前，我在晚宴上遇到一個人，他知道相隔兩個房間之外的廚房裡正在煮什麼料理。他宣稱，他對氣味的敏銳度甚至使他能夠覺察心理疾病（顯然是新陳代謝方面的問題，尤其是思覺失調患者）。當他在家鄉阿姆斯特丹時，每當有精神疾病的人乘上他搭的公車，他會立刻下車，逃離那個人身上散發的臭味。

「這個天分很適合應用在精神醫療專業上，」我說。「你在阿姆斯特丹是從事這方面的工作嗎？」

「不是，如果是那樣，我會生不如死。」他說，「我是調香師，我為有錢人調製香水，他們想要擁有屬於自己的獨特香氛。」

「這世上還有這種職業？」我問道。

「每個人都希望自己聞起來很舒服，我滿足他們的需求，讓他們開心。」特殊的天分能讓你上天堂，也能讓你下地獄。你能選擇讓它成為盟友，或是敵人。

❺通才也能成為有獨門絕活的天才

乍看之下，執行長似乎是不折不扣的通才。不過，如果卸下表層，必要但概括性的領導能力（像是溝通、說服和做決定），你會發現，每位傑出的執行長都有一個獨到的能力或核心價值，被他們視為自己的獨門絕活。這位執行長的獨門絕活，可能是每次開會都有豐碩的成果；那位執行長的獨門絕活，或許是讓組織的所有層級步調一致。每一位執行長的獨特才華，是他讓人視為可以信賴和受人尊敬的基礎，這個能力主宰了一切。

在優秀的領導人身上，專才的特質不一定很明顯，有可能被他們的權威和強勢蓋過去了。不過只要你長期觀察，就會看出來。舉例來說，大衛．艾普斯坦（David Epstein）二〇一九年的暢銷書《跨能致勝》（Range），描繪了我的好友法蘭西斯．賀賽蘋令人敬佩的特質。

這本書的論點（也就是副標題「通才為何能在專才的世界致勝」），似乎和我在此處的觀點相抵觸。艾普斯坦詳細描述了法蘭西斯的傑出成就——早年忙於擔任志工，從六十多歲到七十多歲的時候，讓女童軍這個組織起死回生。柯林頓總統授予她總統自由勳章；彼得・杜拉克認為她是美國最優秀的執行長。

艾普斯坦言下之意是在證明，法蘭西斯突出的領導能力，就是她的多元豐富背景。然而，艾普斯坦沒有看出法蘭西斯真正出類拔萃之處。法蘭西斯透過由一個問題形成的視角，來解析每一件事：我如何服務他人？這是她的「才華」，她的智慧、權威、正直，和同情心所形成的令人敬佩的力量，都是透過這個才華流露出來的。法蘭西斯透過這個才華，讓別人從她的觀點看世界，這就是她的領導方式。

我舉個例子，我在二〇一四年曾邀請六位客戶到我在聖地牙哥的住家，進行一個為期兩天的密集活動，讓他們幫助彼此找出自己接下來想做的事。我也邀請了當時九十八歲的法蘭西斯，因為我知道，她的出席可以讓在場所有人的智慧提高一個檔次。

第二天，我們把焦點放在蘿絲・安妮（Rose Anne）身上。蘿絲當時還不到五十歲，她在三年前以相當不錯的價錢把公司賣掉，和丈夫從明尼亞波里斯，搬到亞歷桑納州的一個小城市，享受她創業的成果。不過，這個安排卻是個災難。蘿絲天生閒不下來，她沒有安靜享受亞歷桑納美麗日落的命。她血液中的創業精神，驅使她在當地投資了一個餐館和一家健身俱樂部。這種直接面對顧客的行業，與過去使她致富的事業有天壤之別。她在那個小地方應用過去強勢務實的生意手腕，不到一年，就把所有她認識的人都得罪光了。她的丈夫揚言，假如她不修正做法，就要搬回明尼亞波里斯。

蘿絲在我家說完這個悲慘的故事之後，我們紛紛給她建議，但似乎沒什麼幫助。直到最後，法蘭西斯開口對她說：「在我看來，你似乎只想到自己的益處，或許你應該試著幫助別人。」我們所有人都知道，法蘭西斯是對的，就連深感絕望的蘿絲也點頭表示同意，並向法蘭西斯道謝。法蘭西斯只是簡單扼要地說了一句話（我們所有人一聽到，都知道那是理所當然的答案），就為蘿絲指出一條翻轉人生的明路。

這就是法蘭西斯的獨特才華。法蘭西斯以身作則，活出服務他人的人生觀，她的典範使不認識她的人也願意追隨她的步伐。她的權威來自這個特質，而不是反過來的情況。就本質來看，法蘭西斯是偽裝成通才的專才。五年後，蘿絲去競選市長，而且當選了。

我沒有嘲弄《跨能致勝》的意思，那本書相當有趣，論述有據，而且描述得很詳盡。如果我的解讀沒錯，艾普斯坦鼓勵人們不要急著成為專才，當我們嘗試過多個領域之後，再決定委身於某個值得我們竭盡全力聚焦的職業。我認為，艾普斯坦和我在說的是同一件事：**如果幸運的話，我們一開始是個通才，最後會成為一個專才。**

在我的心目中，職人的人生（態度認真的工匠，致力於從事某個有價值的工作，把手中的工作做到盡善盡美的地步），就是有獨門絕活的天才的寫照。它意味著你把職業視為一種召喚，而不是一份工作，你奮鬥的目標有更大的成分，是實現自我，而不是為了一份薪水。這是成為有獨門絕活的天才的好處：當你覺得實現自我的時候，你的世界擴大了，而不是縮小了。

你會發現，你可以把又精又深的專長，應用在範圍更大的問題和機會上。成為一個有獨門絕活的天才不是把你關在片面而狹隘生活中，它不是一種侮辱；相反的，當你培養出高度專業的技能，並以職人的態度應用這項技能，你就握有決定權。你比一般人更特別，因此，人們更會專程找上門來；你會更加投入你所做的事，並且擁有更強的使命感。你滿足了所有的實現因子，並因此活出屬於你的人生。

練習

怎麼解讀「你可以做得更好」

柯蒂斯・馬丁曾經告訴我，他在職業運動生涯中最重要的一個時刻。一九九六年當他結束菜鳥培訓時，他的跑陣紀錄為一四八七碼，在美式足球聯會（American Conference）領先群雄。後來，他去參加新英格蘭愛國者隊的訓練營，當時的總教練是比爾・帕索斯（Bill Parcells），一位傳奇性的激勵大師。

帕索斯召集所有的跑衛和接球員，進行「看誰堅持到最後」（last-man-standing）衝刺耐力測試。在球場上來回狂奔五十分鐘之後，筋疲力竭的球員紛紛退出測試，但柯蒂斯告訴自己，在帕索斯吹哨之前絕不放棄。測試進行了一個小時之後，球場上只剩下柯蒂斯一個人，即使靠著雙手雙膝在地上爬行，他依然拒絕投降，直到帕索斯吹哨結束了這個測試。後來，帕索斯在更衣室對柯蒂斯說：「我之所以這麼做，是因為我要你明白一件事：你可以做得更多更好。」

柯蒂斯的故事使我想起，每個人這輩子都聽過不同版本的「你可以做得更好」（You can be more）。我相信你對這句話一定不陌生，當父母對你的表現感到驚豔（「我以你為榮」）

，或是失望（「我原本期望你能做得更好」），這些加油打氣的話語背後的意思其實是：「你可以做得更好」。

「你可以做得更好」是你在一生中每隔一段時間就需要聽到的話。只可惜，這句話經常是在對話中以各種間接的方式，不經意地被帶出來，以致於你可能有聽沒有到。「你可以做得更好」要出現時，通常不會有引人注目的跡象預先提醒你。

當聯合利華的執行長賦予桑迪．奧格任務，要他找出公司裡最有價值的人才，桑迪聽到的是一個「你可以做得更好」任務；當我對馬克．特塞克大吼「真該死，到底要到什麼時候，你才要開始為自己而活？」，我其實是以沮喪的怒吼來表達這句話；當愛瑟．波賽爾問我，「誰是你心目中的英雄？」，是「你可以做得更好」以問句形式呈現。所幸，在上述三個例子中，「你可以做得更好」的訊息都有清楚被聽見，並改變了這三個人的人生，也就是桑迪、馬克和我。

我這一生中遇到幾次關鍵時刻，促使我更接近我的獨特才華。這些時刻都是有人出其不意地主動對我說：「你可以做得更好」，包括，保羅．赫賽要我代替他去上一堂課，他向我保證，我一定能勝任；美國運通（American Express）最高主管對我說，我脫離公司資深合夥人的束縛，自己單飛會有更好的發展；一位紐約的出版經紀人找上門來對我說：「你應該寫一本書。」這是有人對我說「你可以做得更好」的一些時刻。天知道還有多少次的情況，我因為沒留心而錯過了這樣的訊息？

請你這樣做

在一段期間之內（至少一個月），每當你聽到有人對你說，他在你身上看見了你自己忽略的潛藏能力這樣的話，請你做個記錄。它可能是直白的一句話（「你在會議裡提出的那個意見是個好主意，我從來沒想過」）；或是一個開放式建議（「你的態度應該更有自信一點」）；或是愛之深責之切的要求（「重做一次，我期望你有更好的表現」）。

這個練習並不是考試，沒有標準答案，你的解讀沒有對錯可言。這個練習的目標是，打開你的眼睛和耳朵，去發現人們其實經常對你說，他在你身上看見了充滿希望，或尚未被開發的能力，你應該試著把這個能力挖掘出來。你要尋找的不只是稱讚，還要尋找別人的洞察，告訴你如何能做得更好。

對於讚美，不論是有實質意義或是空洞的稱讚，我們通常都很容易察覺到（我們非常善於偵測別人對我們的讚賞）。不過，要從別人一針見血的批評，以及毫不修飾的私下提醒看見這個成分，可能就比較難了。我的直覺是，那些話雖然聽了很難受，但裡面蘊含了最多可以執行的忠告[16]。鉅細靡遺地把這些話記錄下來，可以提高我們的覺察力和領悟力，我敢掛保證。

我還想追加一點，當你給別人「你可以做得更好」的訊息時（也就是當你主動給別人反饋，幫助別人改進時），請你也記錄下來。你可能已經這麼做了，只是沒有察覺。這是一件好事。「你可以做得更好」表達了我們最純粹的善意，它對於給予的人和接受的人都是良藥。詩人瑪姬・史密斯（Maggie Smith）說：「用光照亮別人，那光也會照到你。」

16.一位銀行家曾經告訴我，他年輕的時候遇到的一個轉捩點。當時「你可以做得更好」被藏在當面的侮辱裡，我請他把這個經過寫下來：

「一九七〇年代末，我才剛進入社會工作。我向美國一個知名大集團的執行長提議一個有創意的再融資概念，這個概念可以為他的公司省下很多錢。我花了近兩年時間，才讓這位執行長接受這個觀念，並完成交易。在那段期間，每當有重要的大事發生，我都會向他報告最新情況。那位執行長是個大忙人，我完全不想拿小事來煩他。我不敢說我們是朋友，他就像是巨人，我只是個微不足道的小人物，但他有時會突然打電話約我出去喝酒，我們會聊一些政治或運動方面的話題，很少聊工作。結束之後我會在心裡自問：『他到底想幹什麼？』由於我們的階級差距非常懸殊，我很難相信我們能成為好朋友。

我們的交易完成幾天之後，我安排那位執行長和我們銀行的總裁碰面，一起慶祝。所謂的慶祝，也只是我們三個人在那位執行長的辦公室裡喝香檳。他們兩個人的心情都很好，因為這筆交易讓那個集團的董事會成員非常驚豔，也讓我們銀行賺到一大筆手續費。然後他們開始做一件不尋常的事，他們開始談論我的事，彷彿我不在場一樣。他們拿我的年紀開玩笑（我當時二十九歲），還說他們是我事業上的貴人。然後，那位執行長對我們總裁毫不掩飾地表達他對我的看法。他的話言猶在耳。他說我『很有創意，也是個很棒的談判者』，但我有點『搞不清楚狀況』。他是邊笑邊說的，但我知道他不是在開玩笑。他要我聽見那些話。他並沒有繼續說明他是什麼意思，話題就岔開了。但他的話確實刺傷了我的心，並留下傷痕。

那句『搞不清楚狀況』讓我想了好幾天。我哪裡惹他不高興了？我想不出任何資料上和法律文件上的疏失。然後我想起，他打電話約我出去聊天的事，以及我和他通電話時，總是急著掛電話，深怕浪費他的時間。我沒有體認到，他其實想幫我一把，並從中得到滿足。他打那些出乎我意料之外的電話，約我出去聊天，是因為他想促進我們之間的互信和友誼。他在暗示我，生意不只是點子和交易而已。假如我忽略了人性的部分，尤其是有來有往、來來回回的部分，像是從幫助別人得到滿足，以及讓對方有機會回過頭來幫助你並感到滿足，那麼我就錯過了工作帶來的情感層面的滿足。基本上他是在告訴我，我可以和客戶有更多的情感交流。我後來再也不曾犯下同樣的錯誤。」

練習

獨門絕活天才圓桌會議

這個練習有點刺激，但很有趣。

請你這樣做

找六個彼此熟識的人，到你家客廳聚會。從你開始，說出你認為自己最獨特的才華，它或許是隱藏起來，或許是顯而易見的獨門絕活，這個才華使你顯得特別亮眼。另外五個人必須給予回應，不能跳過不答。如果他們不贊同你的看法，就必須提出他們的看法。然後換下一個人當主角，以此類推，直到每個人都輪過一次。

所有人都可以暢所欲言，不過，禁止惡意批評和攻擊，也不能因為某人坦率直言，就對他發怒或表現出敵意。不論是認同或反對的看法，你們會得到三十六個意見，而且不允許任何人發脾氣。

你們會覺得受寵若驚、痛苦，和驚奇，但這練習的目的不是讓你們沾沾自喜，或是責備自己。就和「你可以做得更好」一樣，重點在於自我覺察和彼此幫助。我第一次嘗試這個練習時，我自信滿滿地宣告，我的獨特才華是，在人們覺察之前，先洞悉他的動機。從我二十多歲時開始，我就這麼看我自己，因為我曾在加州大學洛杉磯分校帶了三年的深度會心團體（encounter group）。會心團體是中世紀開始的一種活動，參與者被鼓勵表達自己的感覺，通常是透過衝突性的對質。

當時，在場的其他人沒有人反對這個看法，但他們覺得那個能力不足以使我成為獨一無二的人。其中有幾個人覺得，他們也善於看出別人的動機。最精準的觀察來自一位我陪伴了十二年的教練對象，她觀察到的才華比較務實。她說，我的才華是，對於重複性的活動不會感到無聊，例如，我可以在一年之內，以同樣的熱忱做一百多場內容相同的演講。「懂動機的人有很多，」她說，「但沒有太多人能夠堅守核心訊息。」在她說出來之前，我從來不認為這種能力有什麼特別的。我唯一的回應是「謝謝」。

第二部

贏得你的人生

08

如何贏得人生
紀律的五個基本元素

在開始新單元之前，我們先複習一下已經討論過的部分。我們在序言宣告，當我們在每時每刻所做的選擇、所冒的險，以及付出的努力，都與我們人生的總體使命感一致（不論最後的結果如何），我們就擁有了無悔人生。接下來的每一章，聚焦於獲得無悔人生的必備心態的某一個面向。我們首先談到覺察自我的「每一次呼吸典範」，根據佛陀的教導，「每一次的呼吸，都是新的我」。然後，我們檢視驅使我們過著別人的生活的多種力量。我們用一個贏得無悔人生的必要能力檢查表（動機、能力、理解、自信、支持、市場），來與那些力量抗衡。

下一章談到，將人生的許多重大選擇縮減到一個選項的價值；再下一章是關於渴望，其中特別提到，決定「我們想成就的事」，和「我們想成為的人」有很大的差別；在第六章，我們檢視了人們如何決定，自己願意接受多大的風險；最後在第七章，我的主張是，當你要在成為專才還是通才之間做個選擇，你要選擇成為專才。在所有的篇幅裡，一直出現的統一主題是「選擇」——如何提升我們所做的選擇，使我們選擇的結果對我們有益，而不是有害。

在第二部，我們會離開心態的範疇，聚焦於活出無悔人生需要採取的行動。要克服這個挑戰，我們需要一個新框架，來實踐你的選擇，把事情完成。

關於如何達成目標，傳統典範強調紀律和意志力。假如我們想要成功，我們必須（a）堅定地遵循計畫，以及（b）抗拒所有使我們分心的誘惑。紀律每天供應我們力量，去做困難的事；意志力提供我們決心，去拒絕不好的東西。當我們看見有人展現這兩個優點，完成了某個艱難或不平凡的事，往往會佩服得五體投地：甩掉六十磅體重而且不復胖的家人、實現此生的夢想、學會說流利義大利文的鄰居，或戒掉癮頭的成癮者。

別高估紀律與意志力

但在現實生活中，我們其實不是那麼值得讓人佩服或驚豔。我們可能會在智力、審慎、開車技術、虛心接受批評、守時、機智等方面，高估自己，其中，紀律和意志力或許是我們高估得最嚴重的部分。無數次的減重失敗、買了健身房會籍卻不去健身、買了外語入門書卻連翻都沒翻過，都是最好的證明。

我在三十多歲之後，就不再高估我的自律能力（能夠承認這方面的失敗，是我引以為豪的事）。但在那個時候，我並沒有把這個洞察應用在我教練的對象，我一再高估他們的自律能力，直到一位客戶用一個顯而易見的問題挑戰我，我才看清事實。一九九〇年代，我在航太軍工生產商諾斯洛普公司（Northrop Corporation）舉行了一系列的「價值與領導力」研討會。諾斯洛普公司是諾斯洛普．格魯曼（Northrop Grumman）的前身。有一天，在上完一整天的課之後，剛上任的執行長肯特．克雷薩（Kent Kresa）直言不諱地問我：「這些東西真的行得通嗎？」後來，克雷薩帶領瀕臨破產邊緣的諾斯洛普從谷底翻身，把公司翻轉成令人稱羨的地位。

我當下有個衝動想為自己辯護，我很想回答說，「當然」。不過，從來沒有人問過我這個問題。

「我想應該行得通，」我說。「但我沒有做過研究來證明，所以我想，我不知道行不行得通，但我會找出答案的。」

在訓練課程中，我會告訴那些上課的主管，要向他們的團隊成員做定期追蹤，從同事那裡取得反饋，了解自己是否學以致用。我假設他們會遵從我的指示。針對我們正在做的事情尋求他人的反饋，可以幫助我們調整和改進表現，這是個經過證明有效的方法。但我從來沒有追蹤過，那些領導人是否確實把我的話放在心上。

我為何不曾對於訓練課程的效果感到好奇，並不難理解：我很害怕聽到答案。像鴕鳥一樣把頭埋進沙裡，然後假定情況一切很好，是最輕鬆的做法。就在克雷薩追根究柢地提出問題之後，我改變了做法。我和諾斯洛普的人力資源團隊，一同向公司裡參加過訓練課程的領導人，每個月進行一次調查，了解他們是否定期向同事追蹤，確認自己是否把所學用出來。

如此做了幾個月之後，我們得到的數字令人振奮。我們越常詢問學員，他們就越常向同事尋求反饋，了解自己的管理能力是否進步。我們的追蹤發揮了固定提醒的作用，提醒學員，他們花了一整天的時間，拿著策略習作簿上課，公司期待他們要消化吸收，並且付諸實踐。當我們暗示學員，公司的管理階層有在注意他們的後續行動，就促使他們更常向他人尋求反饋，並因此更努力地把所學用出來。

幾個月後，我回答克雷薩：「是的，學員會進步，但必須不斷追蹤。」

「年輕人，我剛剛推了你一把，讓你的事業向前邁進了一步。」克雷薩說。

他說的沒錯（他那個問題是另一個「你可以做得更好」發揮作用的例子，這改變了我的人生）。從那一刻起，各種形式的追蹤成為我思考和教練的基本要素。在那一刻之前，我一直依賴人們的動機和自律，驅使人們遵從我的指示。我心想，「我完成了教的部分，接下來的部分在學生身上，他們要負責學習和應用。」那個想法的確很不切實際，它違背了人類歷史的證據，歷史一再證明，人類非常不善於任何一種形式的自我規範。克雷薩的一個根本的問題：「這些東西真的行得通嗎？」糾正了我的觀念。

我知道追蹤可以改變人的行為，但光是靠追蹤是沒有效果的。我們必須搭配幾個其他的行動，來注入動機、活力和自我規範，那些被我們視為紀律和意志力的東西。

四個行動模板

這個新的行動模板，讓我們得以重新解讀我們人生中的紀律和意志力。人們往往把這兩個高尚，但過於籠統的特點，視為締造成功的基本能力。但我認為事實並非如此。我認為這兩者是我們成功的證據，也就是當我們成功之後，才發現自己有這兩個特點。我們以過度簡化的方式，把這兩個特點貼上紀律和意志力的標籤（或是恆毅、韌性、堅持、不屈不撓、勇氣、有骨氣、頑強、道德力量、決心等等）。如此獨特且精確的概念，不應該有那麼多同義詞。「紀律」和「意志力」的基本元素，其實更加具體，並容易理解：

- **遵從**（**compliance**）
- **當責**（**accountability**）
- **追蹤**（**follow-up**）
- **衡量**（**measurement**）

這四個行動無法取代紀律和意志力，但它們可以頂替上場，作為行動計畫的一部分。我們何時使用這四個行動，要視情況而定：遵從解決的問題，和當責、追蹤或衡量解決的問題不同，我們在贏得人生的過程中，不同的時刻會把其中某一項拿出來用。當你要達成任何目標時，這四者是你建構行動的模板，或許你已經在應用了，雖然可能不是很規律地使用。

如果你想擁有無悔人生，它們可以幫助你達成目標，少了它們，你一點機會也沒有。接下來我會解釋原因。

❶ 遵從

遵從就是你遵守外部的政策或規定的程度。我們最常在醫療情境中聽見這個名詞，你的醫生開了處方箋，你唯一的任務是按時服藥。你不需要做什麼了不起的事，只要照著醫生的指示做，你就會康復。

然而根據估計，百分之五十的美國患者不是忘記服藥或是中途停藥，就是從來不服藥。遵從就是這麼困難，即使事關我們的健康，甚至是生命安危，我們依然不乖乖遵從保證有效的治療方法。

我二十四歲時參加一場籃球比賽，我的右手中指在接球時受了傷。中指的前三分之一就像是斷掉的樹枝，可以自由擺盪。我到圖書館查資料，發現我的情況可能是「棒球指」。治療方法很簡單，但是很呆板，我需要用夾板固定我的中指，長達八週，洗澡時也不例外。洗完澡之後，我必須把手放在一個平面上，單獨清潔我的中指，擦乾，確保我不會再度拉到肌腱，以免復原過程功虧一簣。

之後，我去加州大學洛杉磯分校診所看診時，我把我查到的資料通通告訴醫生，醫生對我說：「沒錯，這就是棒球指，只要好好用夾板固定，十二週之後再來回診。你的手指那個時候應該康復了。」

我徹底遵從治療方法。我就像是媽媽幫剛出生的寶寶換尿片一樣，小心翼翼地清潔我的手指、擦乾、然後重新用夾板固定。我在八週後回去複診，醫生檢查我的手指後說，我康復了。然後他接著說：「我很驚訝你真的乖乖聽話，很少病人會認真照做十二個禮拜。」

聽到醫生說出這種話，我感到很失望。他診斷出我的問題，並提供正確的治療方法，卻不提醒我，遵守這些步驟是很辛苦的事，他甚至預期我不會乖乖照做。要不要遵從在於我，而他不抱樂觀的希望。這就好像是，他讓我搭一輛車上路，但那條路上卻沒有任何交通標誌，像是停車、速限，和「前有陡坡」或「危險彎路」的警告。

這使我想起古希臘名醫希波克拉底（Hippocrates）知名的醫生誓言：「首先，不造成傷害。」但希波克拉底也敦促醫生「要讓病患合作」。我的醫生不但期望我會半途而廢，而且沒有遵從希波克拉底的告誡。

然而遺憾的是，他的做法是業界常態，而非例外。病患不遵從醫囑服藥的情況，使美國每年浪費一千億美元的藥品。在你看診之後，你的醫生曾經向藥局查詢，看看你有沒有真的去領藥；或是在你看診之後的一到兩週打電話給你，確認你有按時服藥嗎？遇過這種醫生的人請舉手。

當然，我遇到的那位醫生並沒有錯。遵從醫囑聽起來很容易（「如果我乖乖聽話，我就會康復」），但做起來很難（「我必須每天這麼做，好煩！」）。人類非常不喜歡遵從規定，不論是醫生的囑咐、老師每天派的作業或是規定的暑假閱讀書單、爸媽要我們起床後摺被子的要求，或是編輯給的截稿日期，我們往往不當一回事。但我只是希望，我的醫生能有一點點的責任感，提醒患者，遵從囑咐其實沒有那麼容易。

實情是：你不能指望，下達指令的人會手把手地帶你把事情做完，你得靠自己。你也不能指望，人們在所有的情況下都會遵守你的要求。我之所以乖乖完成夾板療程，純粹是因為我的手指很痛，而且我不希望一輩子手指有殘疾。如果我的手指不會痛，或是不會留下殘疾，我不確定自己會不會那麼聽話。

我從棒球指事件學到一件事：唯有當不遵從指示會帶來極大的痛苦或懲罰（不論是在身體、財務，或是情緒方面），我們才比較可能會遵從別人指示的行動步驟。你的健康情況得不到改善、你受的傷不會好、你會丟掉工作、你和某人的關係會搞砸、你會因為錯失某個機會而抱憾終身……。

當你面對上述這些極端的情況，也就是你很可能會面臨很大的痛苦或懲罰，而且你意識到那個時刻的嚴重性，那麼遵從應該就不是問題，因為你別無選擇。至於其他的情況，你可能需要其他的戰術。

❷ 當責

遵從是我們對於別人加諸我們身上的期待，做出建設性的回應；當責是我們對於我們加在自己身上的期待，做出回應。我們的當責心態以兩種模式運作：私下或是公開。

待辦事項清單是私下的當責模式常見例子，我們把每天該做的事寫在紙上或是輸入手機裡，然後一項一項劃掉。每劃掉一項待辦事項，就是一次小小的勝利。假如我們只完成清單上一半的項目，就會把沒完成的項目移到隔天去做。假如其中某些項目一週之後還是沒有完成，那種挫折感或是羞愧感，只有我們自己知道，別人不會知道。

我比較喜歡公諸於世的做法。當別人知道你打算做什麼，風險會自動提高（有人在看），而你的表現也會自動變好（希望如此）。

因為害怕被別人看見你的失敗，再加上你不想對自己失望，這會形成威力強大的激勵因子。因此，我堅持要我的教練對象，把他們改變行為的計畫公告周知，讓身邊的同事都知道。公告周知會讓他們周遭的人開始關注他們的行為是否改變了，而別人的關注會提升他們的當責心態。

❸追蹤

遵從和當責是一件事的兩個面，兩者都是我們獨自承擔的責任，一個是別人給我們的，一個是我們給自己的。追蹤把外界的強制力加了進來。突然間，別人開始來詢問我們的看法，對我們的意見感興趣，並重視我們給的反饋，我們的生活不再只由我們自己作主。我們被納入一個團體，目的是為了被觀察、檢驗和評斷，那樣的狀態會改變我們。不論我們喜不喜歡，追蹤是一個很有價值的做法，它可以提高我們的自我覺察，迫使我們誠實地評估我們的進度。如果沒有追蹤，我們可能永遠不會花時間去了解，自己做得如何了。

追蹤以各種形式呈現，可能是人資部門在全公司進行的調查、老闆要求的每週進度報告，或是廠商想了解我們對他們的產品是否滿意。至於我推薦哪一種追蹤方法，我會在接下來的章節提到，這個方法來自福特公司的經營計畫檢討會議，會議成員大約六位，這些人每週開一次會，彼此監督。不論我們採用哪種方式，都應該樂於採用它，而不是討厭它。追蹤是表示支持的姿態，而不是對我們的正直與個人空間的冒犯。

❹衡量

衡量是我們的優先順序最誠實的指標，因為我們所衡量的，會把我們不衡量的排擠掉。假如你最重視的是財務安全，你會每天查看你的資產淨值；假如你對減重是認真的，你會每天早晨量一次體重；假如你的胃有問題，你會檢測你的腸道菌叢；在二〇二〇年，假如你擔心自己是否感染新冠肺炎，你可能會開始用血氧機監測你的血氧值，一個你可能從來沒聽過的數據。

「量化生活」（Quantified Self）是一個正在蓬勃發展的運動，它由一群科學家和科技人發起。這些人隨身攜帶一張卡片，記錄所有的個人數據（從每日步數到每週社交分鐘數），希望找出這些數據對自己的意義。我不是這個運動的一員，但過去，在必要的時候，我會追蹤自己的睡眠時數、出差日數、我對孩子說「我愛你」的次數、心懷感恩的時刻，以及我造訪過的米其林餐廳。

每個數字幫助我提升自己，很多時候，當我覺得自己「夠好了」，就會停止追蹤這些數據。我曾經密切地追蹤我的飛行里程數很多年，當我達到一千萬英里，並收到美國航空（American Airlines）發的禮賓之鑰貴賓卡（ConciergeKey）之後，就宣告勝利，不再追蹤里程數。現在我追蹤的是每日步數、我對萊達說過的溫柔的話、每天安靜反思的分鐘數、與孫子的視訊時間、我吃了多少白色食物（白糖、義大利麵、馬鈴薯），以及每天花幾分鐘從事不重要的活動（像是看電視）。

重要的數據不一定是理性、客觀的數字，柔性、主觀的數字也可能同樣有意義。

以我的朋友史考特為例，他因為生病的關係，開始嚴格執行醫生建議的飲食方式，並接受追蹤。史考特的內科醫生為了預防相同的疾病，也在執行相同的飲食方式。六個月後，醫生請史考特估計，他對飲食要求的執行程度。史考特說，「百分之九十八．五。」他的醫生什麼話也沒說，就接著問下一個問題。醫生的毫無反應讓史考特很惱火，隔天，他打電話給那位醫生並說，「當我說百分之九十八．五的時候，我覺得你在心裡很嚴厲地批判我。」

「完全不是這樣，」他的醫生說。「我很佩服你，我的執行率不到百分之八十。」聽到可以拿來和自己比較的另一個數據（儘管那個數據可能不是很精確），對史考特是一件很有意義的事，它讓史考特對自己的執行率感到滿意。

我在下一章要你衡量的數據，是柔性、主觀的數字。你要從一到十，估計自己的努力程度。不論你給自己六分還是九分，都不會比史考特的百分之九十八．五更科學，畢竟那都只是個人的估計而已。不過，若是在追求無悔人生的脈絡下，那些數字對你就非常有意義，因為你能拿你的數字，來和別人的數字做比較。

紀律、意志力、還有社群

當你開始執行活出無悔人生的計畫之後，這四個要素會慢慢變成你的第二天性。然後你就不再覺得遵從與當責是一種檢驗，每天檢驗你投入的決心是否堅定——就像你每天會自動去上班，不再被休假的念頭吸引。它們會慢慢變成自動反應，就像心跳或是呼吸一樣。追蹤與衡量會成為反饋迴路，讓你的每一天產生意義和目的。你會堅持衡量數據，而不是蒙上眼睛和摀起耳朵。**紀律和意志力就是這樣漸漸融入你的生活，它們不是你一出生就繼承的東西，而是你每天努力掙來的。**

然而，還有一個非常重要的元素，把這四個行動綁在一起，而且答案顯而易見。它由你生命中的所有人組成，那就是你的社群。

或許你認為，你的成功完全靠自己的努力，你為自己的每個選擇負起責任，從不抱怨「不公平」，而且總是拒絕當個受害者或是烈士。我認識許多令人敬佩的人，他們具備上述特質，但他們從不認為自己的成功全然是靠自己的努力。他們知道，無悔人生不能靠單打獨鬥獲得，它必須在一個社群裡才能生氣盎然。

他們很欣慰，自己的選擇和渴望會影響其他人（這是人文學科入門課一開始一定會教的，「沒有人是一座孤島」的概念），但他們也絕對不會忘記，社群的互動不全然是單向的。社群裡的每件事是互相的，你向別人釋出善意，不期望得到回報，像是安慰、關心別人，介紹他們認識新朋友，或者只是陪伴和傾聽。但這些善意後來都會回到你身上，不論你是否尋求幫助，因為社群的基本定義就是互惠。

不過在社群裡，這種互惠不只是兩個人之間的二維善意。在體質健康的社群裡，互惠是三維的，每個人都有權力，在任何時候幫助和教導任何一個人。這並不是為了積極建立人脈，所進行的「如果你幫我、我就幫你」的交易型互惠，而是當某人說「我需要幫助」時，另一個人不會先計算「我可以得到什麼好處？」，而是一聽到這個請求，就立刻回應說，「我能幫忙」。

在健康的社群裡，「我能幫忙」是人的預設反應。假如你要記錄一個健康的社群裡，錯綜複雜的溝通和互助關係線，那張圖看起來會像是傑克遜．波洛克（Jackson Pollock）的滴畫作品，或是我們的神經系統圖，自然奔放、任意隨機。

我一直沒有充分領會這個現象的意義，直到我快要七十歲的時候。有一天早晨起床時，我突然發現，我在無意中創造了一個社群——我的百人教練計畫，而這個計畫可以有效地幫助人們活出無悔人生。我是怎麼來到這個位置的，是個奇蹟，直到現在我還是這麼認為。

接下來，我將告訴你這個故事的起點。

09
故事的起點

現在你已經知道，要怎麼做才能得到無悔人生：決定你希望的無悔人生是什麼樣貌，然後竭盡所能實現你所做的決定。除了你，沒有人能描繪那個願景。你生命中那些對你有影響力的人，或許曾經透過他們的看法和催促，提供你一些理性和感性的工具，幫助你選擇明智的路。但是到頭來，只有你能做那個決定，不論你很早就做出了那個決定，還是走過很長的一段冤枉路之後才決定的。

其中最困難的部分，我們需要應用結構來克服。我們需要倚靠結構來控制如脫韁野馬般的衝動，因為那些衝動會把我們拉走，使我們脫離達成目標的正軌。結構是我們修復和更新人生最有效的工具。

結構和決定人生要走哪一條路不同，我們可以透過其他人的啟發，輕鬆地採用對我們有益的結構[17]。假如我們不知該採用什麼結構，可以向外尋求，像是私人健身教練、為我們決定工作應辦事項的上司，或是一本教我們如何清理雜亂房間的書。

事實上，我可以名符其實地在我的名片加上一行「結構顧問」，放在我的名字底下，因為那就是我所做的事。我把行為問題的表皮剝掉，檢視底層結構，然後調整底層結構，來解決真正的問題。

我很開心地承認，我沒有「非我所創症候群」（Not-Invented-Here）這種毛病。我很能慧眼識英雄，當我得知某人提出的某個可行的想法，我會把它消化吸收，變成我自己的東西。

17. 結構用在小事上特別有效果。我每天會記錄我對老婆說了幾次溫柔的話，一位朋友曾經因此笑我，他說：「對老婆好應該不需要被提醒。」「很顯然我需要提醒。」我說，「我需要有外在的提醒，才能把事情做得更好，而我並不覺得這有什麼好丟臉的。假如我知道應該做什麼，卻不去做，那才是丟臉的事。」這就是運用結構的好處。結構會提醒我們，不要輕易放寬標準，尤其是那些在人際互動中，被我們視為理所當然，但非常重要的舉動。我那位朋友現在也每天記錄，他每天對太太說了幾次：「我能幫什麼忙？」

我把那個想法加上其他的想法，然後融入對我和我的客戶都行得通的結構裡，藉此創造價值。第十章我們會探討的人生計畫檢討會議（Life Plan Review, LPR），就是這樣的結構，它是本書最主要的行動要點：每週利用這個格式進行檢討，來創造有意義的改變，活出無悔人生。

它是我畢生努力的最終產物，我想把一個簡單明瞭的結構，加入我在職業生涯中不同時間點頓悟的七個要點，那七個要點形成了我如何幫助別人改變行為的看法。這是我最新的心血結晶，五年或十年之前的我，無法想出這樣的東西，那時的我還沒準備好。

要理解下一章的人生計畫檢討會議，我們需要先認識，讓我印象極其深刻的那七個要點，分別是什麼，它們是怎麼結合在一起的，以及它們加起來的總和為何很重要。

❶參照群體

我們稍微回顧一下第二章的一個概念。當羅斯福．湯瑪士向我介紹他的「參照群體」概念時，我並沒有體會到它的重要性，只是把它視為他想出來的一個概念，為了要讓美國的企業明白，職場多元性的必要。羅斯福認為，當組織納入形形色色、差異性大的人，就會變得更豐富，也更強大。他想出參照群體這個結構，來幫助人們了解一個現象：假如某個人認同某個特定的參照群體，他會渴望得到這個群體的認可，而且這個渴望會形塑他的行為和表現。為了被自己認同的族人接納，人們幾乎願意做任何事。

羅斯福為企業界提供的這個結構，有一個重要的部分是，要對「偏好」（preference）與「要求」（requirement），做出區分。**只要一個人的表現符合或超出工作的要求，就不必在意他的偏好（他的穿著風格、喜歡的音樂、政治觀點）是什麼。**假如領導人能接受這樣的區分（部屬的偏好不一定和工作要求產生關聯），他們就會允許職場裡有差異和怪咖的存在。他們不會對於表面性的東西那麼不屑，不會那麼執著於員工的服從，他們的部屬也會覺得更加被接納。這是個很出色的洞見，它的目的在於啟發領導人，以新的觀點來看待團隊裡的個體。

我當時只看見這個概念如何幫助主管成為更好的領導人，卻沒有從另一個角度看見參照群體的力量，也就是參照群體中成員的觀點。我也沒有好好把這個概念應用在職場以外的地方，或是我自己的生活裡。數十年來，我見過很多聰明的人，但他們抱持的社會價值觀與知識基礎，卻令我百思不解，這常使我覺得沮喪。他們怎麼會去相信那麼無知和不合邏輯（至少我是這麼認為）的事情呢？

這個困惑一直跟著我，一直到我六十多歲。然後有一天，我想起羅斯福的主要觀點：

如果你知道一個人的參照群體是什麼，也就是他覺得有深刻連結的人或事，以及他希望得到什麼人的佩服和尊敬，你就能理解他們的言行思想。你不必認同他們，但至少你比較不會單純地認為，他們是被洗腦或是見聞不足。與此同時，你會意識到，對他們來說，你的觀點也同樣難以理解。這使我擁有近乎同理心的包容力，也使我開始思考參照群體的效用。我能否把羅斯福的洞見融入某個結構，來幫助人們改變行為？

我真希望我能早點爬上羅斯福這個巨人的肩膀上。

❷ 前饋

我開始把教練工作聚焦於執行長級的客戶之後，有一次與約翰．卡岑巴赫（John Katzenbach）的對話，促使我開始使用「前饋」（feedforward）這個概念。「前饋」是「反饋」的相反，而「反饋」一詞經常在職場中被使用。**反饋的內容是別人對於你過去行為的看法；前饋代表別人給你的意見，而你應該將這些意見用於你的未來。**

我與客戶合作的時間一般為十二個月到十八個月，我們會經過討論，並得到共識，鎖定一個需要改變的行為。我的客戶必須承諾要改變自己，把改變的意圖公告周知，為自己過去的錯誤行為道歉，請別人指出要如何防範退步，而且永遠要感謝別人的幫助。在我們所用的結構裡，前饋是最後一個元素，它的步驟並不複雜：

- 當你鎖定你想改變的行為後，找一個你認識的人，把你的意圖告訴他。
- 請他（可以是任何人，不一定是你的同事）給你一些，有助於你達成目標的建議。
- 以不帶評斷的心態聆聽他的建議，然後說「謝謝」。
- 不要承諾他，你會採用他的每一個建議，只要接受這些建議，然後承諾會做你能做到的部分。
- 與其他利害關係人重複這些步驟。

執行長一般不太會得到部屬坦誠的建議，因此，他們對於前饋的反應非常熱烈，因為前饋是單純在人與人的層次討論行為。成功的人不一定喜歡接受批評，但他們樂於得到與未來有關的想法。此外，那些執行長不必採納所有的建議，他們只需要聆聽，然後說「謝謝」。

到了某個時間點，我會建議那些執行長禮尚往來，請提供前饋的人也說出他想改變的行為，把他們的對話變成雙向交流。那個給予前饋建議的人，通常不是執行長高階管理團隊裡的成員，通常是階層低很多的人。不過，前饋能使兩個人以平等的地位交談，他們只是互相幫助的兩個人。（想像一下歐巴馬〔Barack Obama〕總統和白宮幕僚一起打籃球的情形，階級在球場上是沒有意義的，所有的人是平等的，包括總統、他的隊友，和他的對手。）

前饋的概念很容易被人接受，也很受歡迎（因為它是洞察或提點，而不是批評），即使是在彼此不相識的人之間。有一次，我在莫斯科的一場大型活動中演講，那個體育館裡容納了五萬人，絕大多數的人是透過翻譯聽我演講。我請所有觀眾站起來，找一個夥伴，介紹自己，說出一個自己想改進的部分，請對方給予前饋，說「謝謝」，然後詢問對方想改進什麼，提供前饋。接下來再找另一個對象，把同樣的流程重複一遍，如此不斷進行，直到我喊停。這個活動進行了十分鐘，我站在台上，看著五萬個人熱絡地彼此交談，會場的熱度明顯提高了許多。前饋這個結構創造了一個我在企業高層不常看到的現象：以真誠的善意互相幫助，而且沒有論斷的心態。

❸以利害關係人為中心的教練方式

這個概念來自彼得．杜拉克的名言：「誰是你的顧客？你的顧客重視的是什麼？」我把它變成「以利害關係人為中心」的教練方式。我堅信，在杜拉克的許多洞見當中，他深度聚焦於顧客的看法，是他對世人影響最深遠的洞見。杜拉克認為，**商業世界裡的每件事都始於顧客**。當他問「你的顧客是誰？」他其實是在引導我們，採納廣義的「顧客」定義。

顧客不只是付錢買你的產品或服務的人。顧客有可能是你從來沒見過的人，像是你的產品或服務的最終消費者，或是批准購買決定的人，或是將你的產品重新利用，並加以精進的一般人，或是能夠影響未來的消費者的公眾人物。杜拉克強調，我們的生活中有太多情況，並不是赤裸裸的交易行為（就像供應商和顧客之間的你買我賣），尤其是不涉及金錢的時候。因此，在每個情境下界定誰是「顧客」，有可能是個挑戰，你的顧客不一定是你所想的那個人。

這個洞察把我狠狠地打醒了。在我後來的教練實務中，它使我明白，我的客戶也必須擴展他們對顧客的定義。在最重要的意義上，顧客就是所有為他工作的人。畢竟，當領導人改變他的行為，與他共事的人在個人和工作層面都會受益。因此，我把杜拉克的「顧客」改成「利害關係人」，來向我的客戶強調，他的行為是否改善，與他的員工有利害關係。我希望我的執行長客戶把自己視為僕人式領導人，永遠把員工（也就是他的利害關係人）所看重的事物擺在第一，然後再考慮到自己。這個結構是以利害關係人為中心，而不是以領導人為中心。它也是一種交易，一個雙贏的觀點。領導人贏得員工的尊敬，員工贏得執行長的感謝[18]。

這是一個嶄新的觀點，在職場以外的地方也很有價值。直接應對顧客的企業如果以輕率無禮的態度對待顧客，勢必無法存活下去。面對顧客時，他們會表現出最好的行為，而且通常比對待同事和家人更好。根據我的經驗，當領導人習慣在職場採取以利害關係人為中心的思維，那種體貼他人的思維，最後也會滲入他的私人生活中。他會更體貼他所愛的人（家裡的利害關係人），他生命中的每一個人都變成了他的「顧客」。

當你這麼做時，你就在你的周遭創造了一個更樂於包容別人、幫助別人，也更友善的環境。員工會很樂於來到這裡，並且留下來。

❹經營計畫檢討會議

我們回想一下，福特前執行長艾倫．穆拉利為組織建構每週例行會議的方式。我在第四章已詳細討論過這個部分。艾倫剛開始與我合作時，曾向我解釋這個出色的領導概念，但我當時沒有非常注意聽。我以為它只是一個主持會議的嚴謹概念：固定的時間和日子、強制出席、五分鐘的工作進度報告、用紅綠燈（紅、黃、綠）標示進度、不論斷他人、不酸言酸語，以及其他的規定，這種結構自然會吸引艾倫這種優秀的工程師。

艾倫把這個概念帶進福特這個瀕臨破產的汽車公司，作為讓福特轉型的核心管理概念。當我仔細研究經營計畫檢討會議後，我發現它並不是冷血無情的技術官僚思維，而是出於他對人的犀利洞察，彷彿艾倫把杜拉克的「顧客」概念內化了，然後運用每週經營計畫檢討會議，把他的管理團隊視為休戚與共的利害關係人，而不是部屬，而且每位主管代表一群利害關係人（顧客、供應商、同業等等）。於是，這使得會議的所有成員，開始對自己以及對整個團隊負責，滿足自己的雙重需求，一方面得到自己內心需要的認可，一方面從外部得到一種歸屬感。

艾倫這個工程師利用經營計畫檢討會議，建立了一個堅不可摧的堡壘，它可以順應不同的企業和目標做調整。我只希望，我能想出方法，運用它來幫助成功人士，讓他們的行為產生正向且持久的改變。

❺「接下來呢？」週末

18.二〇一九年八月十九日，一百八十一位參與商業圓桌會議（Business Roundtable）的執行長，正式簽署了一份聲明，表明善待所有的主要利害關係人是企業存在的宗旨。

從二〇〇五年開始，我開始邀請幾位客戶到我家，進行為期兩天的「接下來呢？」（What's Next?）教練活動，幫助他們找出人生的下一個階段要做什麼。在一對一教練關係結束之後，我仍然會和大多數的客戶保持聯絡，一直陪伴他們到必須培養接班人，考慮跨出下一步的時候。（我給他們的忠告永遠相同：寧可提早一年離開，也不要多待一秒鐘。換句話說**，要趁著還在頂點的時候離開，永遠不要等到董事會請你離開，不要讓等著接班的人怨恨你賴著不走。**）

即使我的客戶離開了執行長的位置，我仍然會持續幫助他們，找出接下來要做什麼。我很清楚，成功的領導人有許多下一步可選擇——顧問、教書、私募基金、慈善事業、董事會、其他公司的執行長職位、到亞斯本滑雪，諸如此類。但是琳瑯滿目的選項，使得要做出選擇變得很困難。當你什麼事也不用做，而且這輩子衣食無虞的時候，很容易會停留在原地，無所事事。一位客戶將它稱為「人生第三幕問題」，上山容易，下山難。

進行過幾次「接下來呢？」週末之後，我得到一個有意思的觀察。我發現，許多客戶其實處於孤立、隔絕的狀態，而他們很渴望能與其他人對談，尤其是其他的卸任執行長。企業階梯的頂端其實是個孤獨的地方，很少執行長能找到可以有話直說的同伴。「接下來呢？」週末提供他們一個場合，與他們敬重的人無所不談，並發現所有人的問題其實差不多。只要環境對了（把背景不同，但處境相似的少數幾個人湊在一起，進行小團體活動），人們會願意敞開自己，把自己的問題在別人面前攤開。慢慢地，這樣的週末逐漸成為我每年的重頭戲。

❻每日提問

人類善於做計畫，但不善於執行計畫。我在十五年前開始採用「每日提問」這個工具，來解決我長年「立意好，但執行不力」的老毛病。我在我的著作《練習改變》一書中，有詳細說明這個工具。我運用二十二個問題來檢驗我每天將執行與意圖、實做與計畫合而為一的決心有多強。每個問題的起頭都是「我是否盡全力……」，後面接的是某個明確的目標，像是「設定清楚的目標？」、「運動？」，和「不浪費精力在我無法改變的事物上？」

一日將盡的時候，我會針對每個問題，給自己的努力程度打分數，一分代表程度最低，十分代表程度最高。我衡量的是努力程度，不是成果。事情的結果不一定在我們的掌控之中，但付出多少努力是我們可以掌控的。由於我需要有人幫助我貫徹這個計畫，幾年前，我雇用了一位「教練」，他每天晚上會打電話給我，詢問我的分數。

這是我所用過最有效的例行程序，用來促成我想要的結果。但它有可能非常痛苦，如果在那些你認為很重要的目標，你總是得到一分或二分，會非常令人沮喪，那種痛苦最後會導致你放棄。然而，如果你能堅持下去，它一定會發揮作用，不論你的目標是什麼。

這個工具不是我發明的，發明人是美國的自我提升之父：班傑明．富蘭克林（Ben Franklin）（他有句名言「節省一分錢，即是賺了一分錢」）。

在《富蘭克林自傳》（Autobiography）中，富蘭克林除了使用一個每日待辦事項清單（起床，梳洗，向神禱告；規劃當天要做的事，下定決心；閱讀，吃早餐），他還提到一個自我監督的生活之道。他列出十三個他想擁有的美德[19]。但他並不是同時進行（這在本質上是不切實際的目標），而是一次只挑一個美德，專注於追求這個目標，直到他能掌握其精髓。

每次沒有達到標準時，他會在筆記本上做記錄，然後在一天將盡之時，把缺失的次數加總起來。當這個總數為零的那一天，他會宣告勝利，然後挑戰下一個美德。雖然這個例行程序已經有二百五十年的歷史，但現在依然適用。（它使我想起美國職籃神射手史蒂芬．柯瑞〔Steph Curry〕的投籃一百次練習：柯瑞會在球場上的五個定點練習跳投，他要在一個定點連續進籃二十次，才會換到下一個定點練習。只要一球沒進，就要重新計算。）這是每日提問激勵人心的基礎。

晨間提問：我今天要做哪一件美善的事？	5	起床，梳洗，向神禱告；規劃當天要做的事，下定決心；閱讀，吃早餐
	6	
	7	
	8	工作
	9	
	10	
	11	
	12	閱讀或是管理帳戶，然後吃飯
	1	
	2	工作
	3	
	4	
	5	
	6	收拾整理，吃晚餐，聽音樂，或其他娛樂，或與人聊天；檢討這一天
	7	
	8	
	9	
夜間提問：我今天做了哪一件美善的事？	10	睡覺
	11	
	12	
	1	
	2	
	3	
	4	

19. 那十三個美德為：節制、靜默、秩序、堅定、簡僕、勤勉、真誠、公義、溫和、潔淨、貞潔、安寧、謙遜。

❼百人教練

把自己放進社群裡面，是我最後加進結構裡的元素，也是幫助我解開無悔人生之謎的要素。

當愛瑟．波賽爾問我，我心目中的英雄是誰，她使我開始渴望得到一個我從來沒想過的東西。當我說出佛陀是我的英雄，這個過程就啟動了。佛陀有一點很有意思，他是三千年前的人，他的教導沒有留下文字記錄，但據估計，全世界有五億六千萬人遵行佛教思想。這個情況是怎麼發生的？答案是：佛陀把他所知道的一切給出去，而接受佛陀思想的人遍布了全世界。

我也可以用一己之力，效法佛陀。二〇一六年五月，我在進行每天的步行運動時，突然產生這個念頭。我一回到家，立刻拿起手機，到我家後院不假思索地自拍一段三十秒的影片，我在影片裡說，我要把畢生所學，對十五個人傾囊相授，我只有一個條件，就是這十五個人也要這麼做。我把它稱為「十五人教練」計畫。我把這段自拍影片張貼在領英（Linkedin）上，預期會得到一些小小的回應。

一天之後，有兩千人向我提出申請，最後，總計有一萬八千人提出申請。申請者大多是我不認識的人，但也有幾個我認識的人：教練和學術界的明星、我曾共事過的人資主管、創業家和執行長、我的朋友。我把範圍稍微擴大，挑了二十五個人。二〇一七年，我們約在波士頓第一次見面，我向所有人說明教練的流程，並去認識每一位我的承接者。我打算用過去一對一教練執行長的模式，來教練這二十五個人，因此，我需要經常打電話了解他們每個人的狀況，也要騰出時間給他們。

我需要投入非常多的時間。我過去最忙的時候，同時有八位一對一客戶。而現在，我的工作量是那時的三倍，但這個重擔是我願意承受的。對我來說，這是個傳承計畫，我把每一位承接者視為個別的任務，而不是把這二十五個人當成一個群體來對待。如果用輪子來比喻這個計畫，那麼我就是輪軸，而他們是輪輻，他們的共同點就是我。（當我成為焦點時，我的熱忱往往就會大幅提升。）

我沒有預期他們會想出更好的點子。我的教練流程的學習曲線很短，那些承接者學得很快。幾個月之後他們發現，他們已經不需要我了。於是他們轉向彼此，互相交流故事和想法，並且互相支援。我的追隨者變成了彼此的參照群體，他們也很積極地把新成員帶進來。我本來沒有想到會有這個情況，但很快就開始欣賞這個想法（體質強健的社群會不斷成長，體質弱的社群會拒絕成長）。不到一年，這二十五名教練就擴展到一百人。

這個過程當中沒有任何提名或面談的環節（我們不是鄉村俱樂部，或是榮譽協會）。假如我們當中的某個成員認為，他認識的某個人可以因為加入我們而受惠，那麼那個人就可以加入，他會被視為那位成員的承接者。這個做法使我們的群體變得非常多元，多元永遠是好事。

我過去曾經試圖成立一些專業社群，但百人教練後來變成了一個很特別的團體。我一直不確定這個團體如此特別的原因何在，直到我開始聽到，倫敦、紐約、波士頓，以及其他城市的教練，紛紛開始相約見面。

當住在特拉維夫（Tel Aviv）的成員在群組裡告訴大家，她要造訪聖地牙哥，住在聖地牙哥的成員就自動自發地為她舉辦一個晚餐派對，並邀請我參加。那個場面讓我大開眼界。聚會上沒有任何一個人在推銷自己，或是忙著建立人脈，它反而比較像是家人的聚餐，而且沒有性情古怪的親戚，也沒有家人之間充滿張力的恩怨情仇。我們這群人聚在一起，完全沒有論斷他人之心，而是慶幸自己能認識彼此。

有同伴，會更好

上述七個概念有一個共同點：我們不該自己一個人去完成這些目標。當兩個人或更多

❶ 參照群體

族人會影響
我們的選擇

❷ 前饋

反饋的反面，關於未來，
不批評過去

❸ 以利害關係人為中心的教練方式

誰是你的「顧客」？
他們重視的是什麼？

❹ 經營計畫檢討會議

每週開會報告計畫的進度，
不論斷、不酸言酸語

❺ 「接下來呢？」週末

為期兩天的小團體活動，
探索人生的下一個階段

❻ 每日提問

每天監督自己的努力程度，
查看執行與意圖是否相符

❼ 百人教練

創造一個幫助彼此成長的社群，
所有的人都沒有私心

人一起努力達成這些目標，效果會更好。換句話說，這些概念在社群裡會變得更強健。即使表面上看起來是獨自完成的每日提問，如果有同伴每天詢問你的分數，效果就會變得更好。這麼做會提高你的當責心態，你也比較不會脫離正軌。

我花了四十年的時間，才把這七個要素湊在一起。我既不意外，也不難過。我必須按照我的步調，在我準備好的時候，把這些概念一個一個學起來。艾倫的經營計畫檢討會議，以及他對於成員之間的互動關係的洞察，無疑是個轉捩點。有一天我突然領悟到，假如我們把嚴格自我監督的每日提問，與艾倫的經營計畫檢討會議可以達成的長遠好處結合起來，我們就得到一個可以應用在任何一個人身上的結構。艾倫也贊同我的看法，我們將它稱為人生計畫檢討會議。

二〇二〇年一月，百人教練社群的一百六十名成員從世界各地來到聖地牙哥，參加由我主辦的、為期三天的會議。在那個週末，我看著所有的成員熱絡地彼此交流，對於這個我在無意中創造的無私社群，我在心中讚嘆不已，這是個不折不扣的奇蹟。

六個星期之後，世界各地因為疫情紛紛進入封城狀態，一切也因此改變了。新冠肺炎疫情對人類的健康、生計和財務保障，形成了巨大的威脅，我們的百人教練社群也無法倖免於難。災難性事件可以檢驗一個社群是否健康，體質差的社群會因此崩解，體質好的社群則是越挫越勇，變得越來越強健。我們屬於哪一種？

就在全球封城之前，我在聖地牙哥的會議上做了幾場簡報。藉助艾倫之力，我在其中一個簡報介紹了人生計畫檢討會議的概念。它結合了我所重視的元素，幫助人們達成有意義的改變，而這個概念最重要的部分是，社群的凝聚力量。人生計畫檢討會議的概念在一年之內，使我們的社群變得無比強健。如果你只能從本書學習一個觀念，那麼就把人生計畫檢討會議的概念學起來吧！

10 人生計畫檢討會議

人生計畫檢討會議（LPR）的目標，是消除「你此生打算要做的事」，和「你實際完成的事」之間的落差。

它的執行方法從名稱就可以看出來：人生、計畫、檢討。它的假定是，你已經決定了此生想做的事，以及如果一切按照計畫進行，你的未來會是什麼樣貌。它和其他許多目標導向的自我提升機制不同，它倚靠的，不是敦促你增強你的動機、習慣、機敏和勇氣。它是一個自我監督的練習：你每週要檢討，你為了贏得你宣稱渴望得到的人生，付出了多少努力。

它衡量的是你的努力程度，它假定你會放棄，而不是假定你會堅定不移地執行，也假定你大多數的時候會達不到目標。你這一生願意接受什麼程度的出錯、否認和惰性，以及你要如何應對這些情況，完全取決於你。LPR只要求一件事：關注你的努力程度。不全力以赴，你就無法贏得任何事物。就像健身教練總是會要求你再多做一組仰臥起坐一樣，你還需要做另一件事：你必須把結果與社群裡的其他人分享，不只說出你的數字，還要和別人的數字做比較，並彼此幫助。

LPR是個簡單的四步驟結構。如果不在社群裡執行，它的效果會大打折扣。

步驟一：進行LPR時，你和每位成員要針對一組問題，輪流報告你們的答案，這六個問題可以讓你的人生變得更好。

我是否盡了全力……

1. 設定明確的目標？
2. 朝著我的目標前進？
3. 找到意義？
4. 讓自己快樂？

5. 維持與建立正向的關係？

6. 全心全意投入？

你要針對每個題目，用一到十分（十分為最高分）給自己打分數，你要衡量的是你的努力程度，而不是結果。把努力和結果分開來看，是很重要的一點，因為它迫使你認知到，你不一定能掌控結果（意外難免會發生），但你沒有藉口不努力。

步驟二：在開會日期之間的日子，你要每天追蹤這些問題的答案，養成自我監督的習慣。這個習慣就像吃早餐或是刷牙一樣，不可或缺。我喜歡在一天將盡的時候給自己打分數，並且在每晚十點，透過電話向我的教練報告分數。但我對於你應該在什麼時間打分數，沒有意見。有些人習慣等到隔天早上再打分數，他們喜歡把答案擱置一夜，然後在隔天的早上，用前一天的高分或低分，成為自己度過這一天的動力。

關鍵在於累積數據，以便看出模式，得到改進的方向：你在哪個方面一直表現不佳，在哪些方面掌控得很好？

你可以對這六個題目做一些增減，加入適用的、移除不適用的題目。這六個題目並非不可更動，不過，它們符合每日營養成分攝取量的建議。設定目標、達成目標、意義、快樂、關係和投入，是範圍相當大的概念，它們能夠涵蓋我們生活中的所有細節，不論這些細節是多麼獨特或是怪異。我本來還可以把三個題目納入清單：

- 我是否盡了全力表達我的感謝之意？
- 我是否盡了全力原諒過去的自己？
- 我是否盡了全力為別人的生命增添價值？

這些問題曾經在我的清單裡，我對自己提問已經超過二十年，這是個動態的進程，代表你應該要進步，然後尋找更上一層樓的新目標。如果我每天檢討自己，卻一直沒有進步，那會令人非常氣餒。每當我有進步了，我就應該調整我使用的問題。一路走來，我發現我已經不需要再追蹤那三個問題的答案了。我現在很懂得感謝別人；我也超級會原諒自己的；我還會提供無償服務，為別人的生命增添價值。一直保留到現在的那六個問題，關乎存在的意義，而且涵蓋範圍非常大，我很懷疑，我有沒有能耐進步到一個程度，以致於不再需要朝這些方面努力。

步驟三：每個星期也要檢討，這個計畫的重要性和你的個人需求。當你衡量你的努力程度，你監督的是你付出的心力的品質。但你應該偶爾審視一下，你是為了什麼而努力。你是否把有意義的努力，用來追求不再有意義的目標？

努力是一個相對值，它不固定、不客觀，也不精確。它是你個人的意見，只有你有資格表達意見。在你努力達成目標的過程中，它也會跟著改變。舉例來說，假如你為了改善走樣的身材而加入健身房，在你第一次做訓練時，你的個人健身教練就要求你做二十個伏地挺身。即使你用十分的努力，也沒有辦法做二十個伏地挺身；六個月之後，體態良好的你可以用兩分的努力，就輕鬆做完二十個伏地挺身。一件事做得越久，你需要花費的努力就越少。不過，就像溫水煮青蛙一樣，你有可能沒有注意到，你努力的標準隨著時間降低了。你會面對一個安於現狀的誘惑：用比較少的努力，維持在相同的狀態（繼續做二十個伏地挺身）。你的挑戰是，提高你的努力程度來達成你的目標（把運動量提高到三十個伏地挺身，然後是四十個伏地挺身）。

檢討你的努力程度，可以促使你重新思考目標的價值。如果你想維持相同的目標，那麼或許你要考慮調高你的努力程度。如果你不願意付出必要的努力，那麼或許你應該去尋找新的目標。

步驟四：不要自己一個人執行計畫。LPR會議的一大特色可以解決這個問題：它是一個團體活動，你會置身於由志同道合的人形成的群體裡。根據常識你也會知道，比起獨自檢討計畫，和一群經過挑選的同伴檢討你的計畫，效果會好得多。既然你想執行一個充滿企圖心的人生計畫，怎麼會不願意和其他人分享這個經驗呢？獨自一個人做，能為這個舉動增添什麼價值呢？這就像是烤一個生日蛋糕，然後自己一個人吃掉，或者是在空無一人的房間裡演講。

以高爾夫運動為例，它是少數幾種可以獨自進行的運動（另外還有滑雪、游泳、騎自行車和跑步），但是當你和其他人一起打高爾夫球時，表現會明顯提升。此外，它的模式與LPR的優點可以互相呼應。

一個熱衷高爾夫運動的人在找不到球伴、時間有限，或是想加強某些技巧的情況下，會自己一個人下場打球。假如他在球場上追趕上另一個獨自打球的人，這兩個人會立刻變成一組球伴。高爾夫運動有許多讓人喜愛的禮儀，其中之一是：絕對不讓單獨打球的人落單，除非他寧可獨自打球。

如果情況允許，這位熱衷高爾夫運動的人一定更喜歡四個人一起打球，不論這些同伴是朋友、家人，還是陌生人。高爾夫是社交互動最多的運動。你們一起走在球場上，在揮桿之間的空檔，你們會聊聊生意、渡假，或是當天的新聞。有時候，你們甚至會中場休息，一起去吃個飯。

這些社交元素使一起打高爾夫球的四人組，符合了有效會議（像是LPR每週檢討會議）的所有要求。在社群網絡的輔助之下，這個運動呈現了贏得無悔人生模板的四個行動。

高爾夫運動要求遵從的精神。在一場認真的四人賽中，你準時上場發球，球落到哪裡你就從哪裡打（不能調整狀況），你不能重來（也就是重新發球），桿數和罰桿要算清楚。

高爾夫運動落實個人當責的精神。你要為每一桿的表現負責，不能把失誤怪在別人頭上。你的表現水準騙不了人，騙不了自己，也騙不了別人。如果你的球技生疏了、你沒有準備好，或是你不如你所說的那麼厲害，一局球賽就能讓你原形畢露。

高爾夫運動靠追蹤和衡量來驅動。大家會記錄自己和同伴的桿數，打完一洞，就要報告桿數。你把你的成績放上公開數據庫，提供誠實的差點記錄。比賽結束後，你和同伴回顧整場表現時，不論你怎麼吹噓打得好的部分，忽略打得差的部分，一切以你的計分卡上的數字為準，這項運動不容許其他版本的事實。

最重要的是，這個運動體現了我認為社群最有價值的部分：行為規範，不容許批評和酸言酸語。別人打得好，你會喝采；別人打得不好，你不會落井下石，你還會幫忙同伴尋找遺失的球。

在這個社群裡，成員會致力於提升球技，並且分享自己的看法。這是個非常突出的特點。高爾夫和大多數一對一運動不同，打高爾夫球可以成為學習經驗。當我在球場上遭遇職棒投手或是網球選手時，我唯一學到的是，體會到丟臉的感覺，以及我和他們相差太遠。

但高爾夫運動不會發生這種情況。球技普通的人會想和比自己厲害的人一起打球，因為他們知道，光是觀察其他高手打球，就能提升自己的表現，包括揮桿技術、穩定的節奏，以及揮桿前的固定儀式。球技好的人也樂於和球技差的人一起打球，如果你請他們給予忠告，他們會大方分享他們的看法（也就是前饋）。

這也是一個性別平等的社群，每個人的地位完全取決於球技和成績。如果遇到高手，人們不會有傲慢的態度或阻礙的舉動，只有尊敬。

高爾夫運動尊崇英才制和公平，所有的本事全靠自己贏得，不論是大量的練習，充分發揮天分，或是持續不斷的改進。它展現了我們對無悔人生的定義，因為我們所做的選擇、所冒的險和付出的努力，可以直接轉換成我們認為有價值的經驗，不論我們的成績如何。

假如你把上面幾個段落中的「高爾夫」用「LPR會議」取而代之，你就會明白，為何要採用ＬＰＲ，並以小組方式來進行了。成立一個ＬＰＲ小組似乎是個令人望之生畏的念頭，因為成員要每週碰面一次，這個計畫很麻煩、很累，風險高於回報。但請你千萬不要因此退卻，相信我，它一點也不可怕。這個每週一次的聚會，能讓你的人生和你的世界發生大逆轉。我知道，因為我是過來人。

佛陀給的考驗

萊達和我在聖地牙哥郊區住了三十二年後，為了想看我們五歲的雙胞胎外孫長大，我們決定把房子賣掉，搬到納什維爾。我們在二〇二〇年三月五日啟動賣屋程序，搬到離家十英里的拉霍亞海灘的一間出租公寓暫住，這個面對太平洋海景的公寓只有一間臥房。我們的生活方式起了巨大的變化，但這在我們的計畫之中。我們打算馬上到納什維爾，在女兒凱莉家附近找到房子，接下來把暫放在出租倉庫的家具搬進去，然後就能過著含飴弄孫的生活。

所以我們心想，我們只是在這個小小的出租公寓暫住幾個星期而已。我的工作並不會因為搬家而受影響，我們只是換個地方住。我開的課和演講活動已經排到兩年之後，其中大部分的活動是在海外。我把更多的心力投入百人教練社群，另外，我還要寫一本書。

但就在六天之後，這些計畫突然化為泡影。就和許多美國人一樣，我能指出我人生的轉捩點發生在哪個時刻：三月十一日，星期三的晚上，我聽到NBA宣布暫停二〇二〇年所有的賽事，包括季後賽和總決賽，因為發生了新冠肺炎疫情。一個重要的全國性職業運動賽事突然叫停，使得全美國的領導人和人民意識到，「事情大條了」。一個星期之後，加州宣布封城，飛機停飛，我的演講被取消，於是，我只能在公寓裡整天盯著窗外的太平洋看。

這個變化不會對萊達和我產生衝擊，萊達比我更善於活在當下。我們也沒有後悔或責怪自己，覺得早知道就晚一個星期再搬出我們的大房子。我們的日子過得還不錯，而且我們擁有無敵海景。

我比較擔心的是百人教練社群。就在六個星期之前，我和艾倫．穆拉利才在拉霍亞附近的君悅飯店，向一百六十位教練上了四個小時的課，介紹LPR的概念。加州的第一個確診案例在幾天之後出現，我們當時不以為意，覺得未來充滿了可能性，但我後來開始擔心。

假如我的演講活動在一瞬間化為烏有，那麼百人教練社群當中那些比較年輕、事業基礎還不是很穩固的教練、講師和顧問，該怎麼辦？他們的經濟狀況不像我們還有一些緩衝，他們一定備受煎熬。在學術界工作和長字輩的高階主管，有能力照顧自己，但我們社群裡的創業家，像是開桃福連鎖餐廳（Momofuku）的張錫鎬，他是我的客戶兼好友，他的事業勢必會因疫情陷入危機。我心想，如果我們是蜜蜂，我們正處於蜂群快速崩壞階段的初期。

我覺得佛陀好像是給我一個考驗，他說：「老兄，你想進行你的傳承計畫嗎？他們是你的家人，你必須每天努力保護你的家人，讓你的畢生心血能夠傳承下去。」

自成年以來，這是我第一次覺得我有多餘的時間，我不需要趕飛機，不需要參加會議，我的日程表不再密密麻麻。萊達和我關在家裡，努力讓自己保持健康。我唯一擁有的，是對百人教練社群的責任感，以及一個新的使命感，要保護這個社群。

於是，我去註冊了一個Zoom帳號，在我們的小小公寓霸佔一個角落，充當我的「工作室」。我向社群宣布，美東時間每週一上午十點鐘，我會主持一個結構不是很嚴謹的研討會，所有人都可以參加。會議一開始的時候，我會先針對某個主題，做二十分鐘的短講，然後所有參與者會被分到三至四人為一組的小群組，討論我公布的一、兩個問題，然後所有人再回到大群組，分享自己學到了什麼。

這個會議一開始有三十五個人參加，後來人數逐漸增加，有時超過一百人。那是一個非常多元的國際性群體，成員來自世界各地，除了南極洲以外（我告訴自己，我需要向南極多下一點功夫）。許多人所處的時區是半夜。有時，會議是以類似CNN新聞快報的方式開始，例如，來自白俄羅斯明斯克（Minsk）的歐藍·馬塔（Omran Matar），他從律師轉行成為東方集團（Eastern Bloc）的顧問，他即時向我們報導，從他窗戶外看到的街頭革命運動。

看見那些來自世界各地的人，聽見他們說話，是很有價值的事。我後來得知，Zoom有聊天功能，當我進行短講的時候，許多人會互傳訊息，就像高中生在上課時所做的事一樣，他們互約時間，稍後要通電話。我以為是我在保護這個社群，但事實上，是所有的成員在更細緻的層面保護了這個社群。他們拯救了彼此。

二〇二〇年六月，疫情顯然沒有減緩的跡象，萊達和我至少要在一年以後，才有可能搬去納什維爾。所有的人被關在家裡，這是用我們的百人教練社群，以群組方式測試LPR的大好機會（我們在五個月前，也就是封城之前，已經向他們介紹了LPR的概念）。我徵求五十個人參與測試，回答那六個LPR基本問題。他們要在每週六或週日上午，透過Zoom會議報告自己的分數，為期十週。我再次向他們提出我的警告，這種以努力為基礎的自我監督模式，「要聽懂很容易，堅持執行很困難。」

要成功人士為自己的努力程度打分數，然後接下來必須面對一個殘酷的事實，那就是他們連努力達成自己選擇的目標這種小事都辦不到。他們通常進行兩、三週之後就會放棄，主要的原因是，他們覺得無法達成自己訂的目標，是很丟臉的事。我預期在那五十個人當中，有十個人會放棄，退出率為百分之二十。

在那個夏天，我和我的教練夥伴馬克．湯普森（Mark Thompson），每個週末連續主持六場一小時的電話會議，每場可以讓八個人參加。出席不是強制性的，但事實證明，出席率根本不是問題。沒有一個人退出，也沒有任何一次缺席。群組成員可以自由選擇參加週六或週日早上九點，十點半或是中午十二點的場次。有些人選擇固定的時段，有些人會換來換去。這使我的非正式研究多了一個非科學性的瑕疵：他們每個星期不是向同一群人報告自己的分數。但另一方面，這也激發了他們的參與熱度，因為他們不知道自己下一次會遇到哪些人。我的工作是，確保每個人有機會遇見所有的人至少一次。

對於全心投入、找到意義和修復關係這些複雜的目標，十週的時間不足以建立持久的正向改變。要在這麼短的時間內達到目標，是強人所難，也不符合ＬＰＲ的宗旨。ＬＰＲ是一輩子的計畫。不過，十個星期已經足以讓我們看出ＬＰＲ的價值。

每個人會記錄自己每週的分數，因此，進步或退步一目了然。在這十週當中，組員的分數持續穩定地提高。到第十週時，一開始得五分的人，到後來都可以給自己八到十分。我的領悟是，如果你撐過頭幾個星期，堅持不放棄，一定會得到某種程度的成功。每個星期公開檢討自己的分數，會提高當責，不論是對其他成員，還是對自己。當你看見自己穩定進步之後，就不太可能允許自己退步了。

這就是ＬＰＲ最重要的價值。實行幾週之後，你會發現，它會迫使你去正視那些你不想面對的問題：「我這個星期做了什麼，讓我朝著我的目標前進了一些？」人類天生善於做計畫而不善於實踐計畫，所以我們通常不想面對這個問題。ＬＰＲ去除了逃避的選項，讓我們別無選擇，必須面對這個問題。這正是群組成員的分數很快就會提高的原因，因為每個星期一再地把很糟的分數當眾報告出來，實在太痛苦了。

我們把ＬＰＲ的結構盡量簡化，因為簡單的自我監督結構會比較容易遵守，人們比較不會中途放棄。你每天針對你選定的六個目標（或是更多目標），給自己的努力程度打分數，然後每個星期在你的小組裡，把你在每個題目的平均得分報告出來。這有多難呢？

在二〇二〇年之前，我會說，社交方面的要求（在不同地方工作的人，每個星期要在同樣的時間碰面），是執行ＬＰＲ最大的挑戰。你要怎麼讓總是非常忙碌的人每個星期準時出現？但新冠肺炎疫情和視訊應用程式（像是Zoom）的出現，解決了這個問題。比起實際碰面，我們現在更習慣透過螢幕和別人說話。

挑選你的社群成員

儘管如此，成功的領導人都知道，任何一個團隊的起始和終結，取決於個人的選擇。

你要如何挑選ＬＰＲ的成員，使這個群組擁有最大的吸引力，讓每個成員願意每個星期乖乖按時聚會？Zoom的便利性不足以解決這個難解之謎，你需要運用策略來組成一群人，使他們願意每個星期出席會議，而且熱愛這個群組。

■致力追求多元性。這是我從「接下來呢？」週末教練活動得到的收穫。首先，男女的人數要差不多，這是必備條件。然後根據年齡、文化、國籍、職業階級和行業別，加以混搭。不要預先假定差異很大的人處不來，或是對彼此沒興趣。成功人士天生有很強的好奇心，你應該要突顯多元性，而不是將它淡化。這正是多元性的重點所在：人們的差異越大，彼此交流的想法就越有新鮮感，也有更多的驚喜。

我為第一梯次的ＬＰＲ測試挑選五十位成員時，我仿照挪亞為他的方舟挑選動物的方式，同類最多取一對。我用一個很有代表性的小組來舉例說明：揚・卡爾森（Jan Carlson）是歐洲最大汽車安全帶和其他安全系統製造商的執行長，他住在斯德哥爾摩；蓋兒・米勒（Gail Miller）領導一個正在不斷擴大的家族企業，她已經當阿嬤了，住在猶他州；三十九歲的南宏黛・布洛克（Nankhonde van den Broek）來自尚比亞，她繼承父親遺留下來的事業，同時管理一個非營利組織；三十九歲的保羅・蓋索（Paul Gasol）是ＮＢＡ球星，即將退休；吉姆・唐寧（Jim Downing）是一位外科醫生，管理位於曼菲斯的聖裘德兒童研究醫院（St. Jude Children's Research Hospital）；瑪歌・喬奇雅迪（Margo Georgiadis）是波士頓的族譜公司

（Ancestry）的執行長，她打算把公司賣給一個私募股權集團；三十一歲的瑪格麗特．馬瑞斯考（Marguerite Mariscal）是一位執行長，她幫助張錫鎬重新整頓他的餐廳帝國。

你不會在喜宴上讓這七個人坐在同一桌吃飯，但是如果把他們擺在每週一次的小組會議中，彼此分享相同的自我提升目標，他們之間的化學作用所激發的火花，顯而易見。這是多元性促成的結果。

■**人數限制的作用在於，把對的人帶進來，把不對的人排除在外**。如果你對於某個人選能否為小組增添價值有所疑慮，不要為了湊足人數，而把那個人加進小組。寧可遺漏，也不要讓不對的人加入，破壞小組的活力。我建議的人數是：不少於五人，不多於八人，開會時間也不要超過九十分鐘。

■**LPR不是治療團體**。LPR讓對於未來有相同目標的成功者聚在一起，而不是讓有問題的失敗者聚在一起，互相抱怨。我所謂的「成功」，指的不只是令人稱羨的地位、權力和收入。你要從各行各業尋找，以積極樂觀的態度想要讓自己更進步的人，他們不會把自己當成受害者或烈士。當你找來這樣的人，他們會以平等的地位互動，沒有人會因為膽怯而不敢發言，也沒有人會因為太自滿而不想聽別人說話。

■**必須有一個人帶領小組**。如果想成立LPR小組的人是你，那麼你就要負責主持會議，而且最好是以低調的方式，而不是強勢的方式來帶小組。否則，你的LPR可能會變成一位教練所說的「太注重結構，太少引導」。不論是在波音還是福特，艾倫．穆拉利永遠是經營計畫檢討會議的主持人（因為開這個會是他的主意）。馬克．湯普森與我也和艾倫一樣，我們是LPR的引導者。我們所做的大部分是行政工作，而不是教練工作，像是點人說話、推動進程、執行「不論斷」的規定、維持一個沒有負能量的安全空間。在組員學會自我管理之前，你要假定每個組員都期望你來推動所有的事。

當你開始使用LPR之後，你會發現其他的好處：

❶你可以把它應用在任何目標

當艾倫．穆拉利和妻子妮基，以及五名子女住在西雅圖的時候，艾倫把用在波音公司的經營計畫檢討會議，調整成家庭計畫檢討會議（Family Plan Review），用在家裡。每個星期天早上，艾倫和妮基與五個孩子會帶著自己的行事曆一起開會，檢討自己下一週需要做哪些事，以及需要哪些支援。這是艾倫為生活中他最看重的五個領域（事業、個人、家庭、靈性和娛樂）取得平衡的方法。他會每天檢討他的行事曆，確保他正在做他想做的事，並且在五個領域中的某個領域做出了正向改變。假如他發現情況有失衡的跡象，他會做出修正，修改他的行事曆，這個方法也使他的家人總是了解彼此的狀況。

ＬＰＲ不一定只限於用在大事上，來幫助你實現無悔人生。你也可以在通往無悔人生的路上任何一站，把ＬＰＲ應用在任何一個目標上，不論大小。例如，假設你決定要採取行動，為環境盡一分心力，而不只是空談，那麼何不開始尋找幾個同樣關心環保議題的夥伴，設定個人目標，每週以小組方式一同檢討執行的進度？你所做的，是把ＬＰＲ調整成ＥＰＲ（Environmental Plan Review），也就是屬於你的「環保計畫檢討會議」。你的目標範圍可能縮小了，也更聚焦，但挑戰並沒有變得比較輕鬆。你和你的組員每個星期都要接受一個嚴苛問題的挑戰：「我這個星期，做了哪些拯救世界的事？」實際上，你的答案決定了你贏得，還是失去了過去這一週的時間。

要如何把ＬＰＲ應用在事業或私人領域的各項挑戰，沒有任何的限制，唯一的限制是你的想像力，以及你號召別人加入你的行列的吸引力。

❷安全空間也保護我們不被自己批評論斷

ＬＰＲ成員通常立刻可以接受，並遵守會議中不批評論斷的氛圍，只有一個情況例外：當他們談論自己的時候。許多人有一個觀念，只要他們的負能量不是針對別人就好，安全空間的規定不適用於他們自己身上。我在「第一季」的LPR帶了六十次會議，在每一次的會議，我都會遇到一、兩個人對自己過去的行為做出嚴厲的批判，而我必須打斷他們對自我的控訴。

他們通常是很自然地承認自己的缺點（「我不善於……」），而我會立刻揮手制止他們，「停下來，停下來！」然後我要他們舉起手，說出自己的名字，然後跟著我說：「雖然我過去不善於X，但那是過去的我。我並沒有無法治癒的先天性缺陷，使我無法改善現況。」只要被我糾正過一次，他們通常就抓到我的意思了：安全空間適用於所有的人，包括過去的自己。

❸衡量努力程度會促使你定義重要的事

蓋瑞．李奇（Garry Ridge）擔任WD-40（對，就是每個人家裡都有一罐的藍色黃色瓶身、紅色瓶蓋的潤滑劑）的執行長多年，他也加入了我們的LPR社群。當他報告他的分數時，總是在「我是否盡了全力找到意義？」這題卡住。連續六週，他都給自己中間值五分，他說，他不知道怎麼定義「意義」的標準。

關於蓋瑞，我們需要知道一件事：他在當上WD-40的執行長之後，才回學校去取得領導學的碩士學位，這就像是一位演員在得到奧斯卡金像獎之後，才去上表演課。蓋瑞非常認真地看待管理這件事，而且總是在學習。ＬＰＲ直接點出了蓋瑞的盲點，蓋瑞下定決心要找出他對「找到意義」的定義。

在那六個星期，蓋瑞聽其他人描述他們定義意義的標準，並努力思考自己的定義。然後，他在第七週給出了他的答案：「當我所做的事情的結果對我很重要，對別人也有益，我會覺得找到了意義。」對你來說，這個答案或許不是什麼驚天動地的洞察，它卻讓蓋瑞覺得豁然開朗。

這個情況不只發生在蓋瑞身上。住在紐約的泰瑞莎．帕克（Theresa Park）原本是出版經紀人，後來轉職成為電影製作人。她在小組裡告訴其他人，對她來說，快樂不一定是「一種飄飄然的感覺」。我看見每個人都點頭表示贊同，那一刻，所有的人對於快樂的定義都有了更高層次的領悟。同樣的，當南宏黛．布洛克從尚比亞打電話進來，談到自己剛成為某個組織的領導人，她的主要目標是：「我想要觀察改變的旋風，而不想形成旋風。」小組裡其他的經理人都鼓掌叫好，似乎等不及要開始運用這個觀念了。

這就是ＬＰＲ會議裡的實況：你經常會得到突如其來的明澈洞察，因為（ａ）你每天都必須針對有意義的問題，衡量你的努力程度[20]；（ｂ）每個星期你會聽到聰明的人討論那些問題。你只需要出席會議，接收其他人的智慧結晶就好。

❹讓這個制式結構為你所用

ＬＰＲ的規定很少，但非常嚴格——每個星期要出席、態度要友善、報告你的分數。但即便是最嚴謹的結構，也總有一些自由發揮的空間。進行幾週之後，我加入兩個問題，要每位成員在會議結束前回答：這個星期你學到了什麼？這個星期讓你引以為豪的事是什麼？我並不想刺激任何人，我只是對他們的答案感到好奇。後來，回答這兩個題目成了ＬＰＲ會議的固定環節。

還有一次，我看到一位新加入的成員顯得非常沮喪（二〇二〇年對許多人來說是很辛苦的一年），我當場改變做法，請每個成員給這位新朋友一個對他有益的建議（前饋）。那次的會議比平常多花了三十分鐘，但我相信，那位新成員因為大家的關懷和慷慨而深受感動。當他隔週出現時，他看起來簡直變了一個人。

ＬＰＲ最有價值的特點是，人們可以互相幫助。假如你在會議過程中，發現任何可以讓某個人的人生變得更好的機會，你要抓住這個機會，即興演出，把既定流程擺在一旁，改變慣常做法（也讓我知道你是怎麼做的，你也是在幫我）。

❺ LPR會議之後發生的事，可能比會議中發生的事更有意義

我是從每週一的Zoom群組會議了解這一點的，因為我發現，許多成員會私下聯絡，並互相幫助。我在LPR也一再看到這個現象，我不該感到驚訝，因為LPR的基本精神是說實話。畢竟，參與者所談的是自己的目標、幸福快樂和關係，而不是報告達拉斯沃斯堡都會區的潤膚乳銷售數字。當一個人說了真心話，對方也會以真心以對。這會激勵人們互相幫助，彼此連結。

向人們介紹LPR概念，帶給我一個附帶的滿足，那就是，它把形塑我的教練職涯的七個要點，非常自然地結合在一起。週復一週嚴格執行LPR的這群人，在本質上成了彼此的參照群體。他們抱持相同的信念，要提升自己，也讓彼此受益。他們會大量使用前饋，以不帶評斷、心懷感恩的態度，請別人給予前饋，自己也給予別人前饋。它以利害關係人為中

---

20. 衡量努力程度（而不是衡量結果）的價值，這個洞察是我從女兒凱莉那裡學到的。凱莉教我要區分「主動」和「被動」的問題。「你有明確的目標嗎？」是被動的問題；「你是否盡了全力設定明確的目標？」是主動的問題，因為它把責任放在你的身上，而不是你的處境上。

心，因為每次會議的中心思想是，每個人是其他人的利害關係人，每個人的進步需要倚賴其他的人。

就結構（在會議中報告自己是進步了，還是退步了）、開會頻率（每週），和心態（我們聚在一起，是為了學習和互相幫助）而言，它是艾倫的經營計畫檢討會議的延伸；就成員的多元性以及坦誠的互動來看，它是我與客戶的「接下來呢？」週末教練活動的翻版。它運用了我的每日提問自我監督架構；最後，它善用社群的力量，促成了我們的百人教練社群的誕生。

我們的第一季LPR實驗結束後，就在勞工節之前，許多成員紛紛打電話或是傳訊息給我，問我第二季什麼時候開始。他們很懷念每個星期的聚會，這種話我不常聽到。忙碌的人幾乎不會抱怨說，他要開的會不夠多。但我所面對的這群人，卻因為LPR結束而感到不適應。我把這個情況視為概念驗證（proof of concept），它告訴我，LPR這個結構處理的不只是自我提升的目標，讓我們成為更好的人、更好的老闆，或是更好的伴侶。它可以處理我們最基本的渴望，讓我們實現自我，而且是在持續進行的基礎上。它彷彿表示，努力活出無悔人生的過程，值得成為我們的新習慣。敲碗第二季的呼聲證明了，LPR的效果比我所想得更好。它不只給人們更多對於人生的自主性（使人們強烈感受到，人生是自己贏得的，而不是別人給的），還使人們想要更多。他們不想離開這個社群，因為其他的人都和自己一樣，對人生有所渴望。

當我說LPR逆轉了我的人生，就是這個意思。這使我想起老子對於領導力的真知灼見：「讓人們幾乎察覺不到領導人的存在，才是最高明的領導人；當他的工作完成、他的目標達成時，人們會說，『這是我們一起完成的』。」（譯注：原文為「太上，下知有之；功成事遂，百姓皆謂我自然。」）在這危機四伏、充滿挑戰的一年，我下定決心要保護百人教練社群，但最後，是這個社群自己保護了自己。

II 失傳的求助藝術

ＬＰＲ在本質上是一個激發當責心態的機制。它要求我們定期向其他人報告，促使我們對自己的行為有更負責任的態度。它提醒我們，要衡量生命中重要的事物，藉此消滅一個最難纏的毛病——無法在每一天都貫徹執行我們聲稱自己想做的事。光是這一個優點，就足以使ＬＰＲ成為我們實現無悔人生的一個很有價值的助力。我們越有能力把行動、抱負和渴望連結起來，我們就越覺得自己的進步得到了確認，並因此證明，那些進步是我們努力贏來的。

彼得．杜拉克曾做過不少奇特的管理學預言，其中之一是：「**過去的領導人都知道怎麼說；未來的領導人要知道怎麼問。**」我很快就發現，ＬＰＲ帶給我們一個不是那麼明顯，但同樣有價值的收穫。光是選擇參與ＬＰＲ小組這個動作，就代表我們克服了活出無悔人生的過程中一個最大的障礙：向別人求助。

白手起家的迷思，是現代社會裡一個令人嚮往尊崇的神話。它之所以一直流傳，是因為它應許我們，只要我們堅持不懈、善用資源和苦幹實幹，就會得到一個公平、快樂的結果。就和大多數讓我們難以抗拒的應許一樣，這個迷思也值得我們好好質疑一番。

靠一己之力締造可稱之為白手起家的成就，並非不可能。不過，一個更值得思考的問題是：如果你能夠得到別人的幫助，藉此創造更好的結果，為何要自己一個人埋頭苦幹？無悔人生不會因為你試著靠一己之力追求，而變得更值得肯定、更光榮，或更令人滿足，甚至是更可能實現。

有太多人嘗試要靠自己走這條路。人們不願尋求協助的心態，到了近乎病態的程度，但這並不是像色盲或音痴那樣的天生缺陷，而是後天習得的缺陷，我們從小就被訓練要採取這種對我們無益的行為。研究所的組織心理學並沒有教我，企業是如何狡猾地讓員工打消求助的念頭，我是從工作經歷中學到的。

一九七九年，我在紐約州阿蒙克（Armonk）的IBM總部工作，在當時，IBM是全世界最受景仰的公司，是管理學的黃金標準。但IBM有一個問題：內部的員工認為，他們的主管並沒有做好教練部屬的工作。我被IBM請去檢討他們的一個訓練計畫，這個計畫是在訓練主管成為好的教練。多年來，IBM花了數百萬美元在這個計畫上，成效卻微乎其微，他們的主管在教練部屬的部分，還是做得很差。我受邀到阿蒙克去，親自了解到底是哪個環節出了差錯，以及原因何在。當我與IBM員工訪談時，最有代表性的對話如下：

我問部屬：

問：你的主管有做好教練的工作嗎？

答：沒有。

我問主管：

問：你的部屬曾經尋求你的教練嗎？

答：沒有，從來沒有。

我再回去找部屬：

問：你曾經尋求主管的教練嗎？

答：沒有。

我對ＩＢＭ的績效評估制度很好奇，於是分析了員工的年終績效評估報告。我發現，ＩＢＭ對傑出表現的定義是：在不需要教練的情況下，有效地交出成果。基本上，ＩＢＭ創造了一個惡性循環：當主管想要教練部屬時，回答「不用了，謝謝主管。我不需要教練，就能有效地交出成果」的部屬，會得到激勵。

我真希望我能說，ＩＢＭ的困境是特例，但事實不然，ＩＢＭ只是企業中犯相同錯誤的模範生。這個錯誤源自最頂層的管理階層，很少主管會貶低自己，承認自己需要協助。尋求協助被視為軟弱的標誌，當你（a）有不懂的事，（b）有不會做的事，或是（c）缺乏資源時，才會尋求協助。用貶抑的說法是，你之所以向人求助，是因為：

- 無知
- 無能，或是
- 匱乏

這些都會讓人覺得丟臉。在任何一個組織裡，部屬會模仿主管的行為，因此，執行長對於求助的心態，會一層層向下傳遞，遍布整個組織，成為每個人效法的思維。誠然，企業會積極聘請外部講師，來教員工商學院的一般性主題，包括團隊合作、情境領導、權力下放、全面品質、六標準差、「卓越」等等。但那些比較像是醫師和會計師為了維持專業資格認可，必須上的繼續教育（continuing education）課程。

主管和員工之間的一對一教練（當某個人展現自己脆弱的一面，並說「我需要協助」），在企業的環境裡幾乎看不到。有個和教練有點像的東西，可以在高度技術性的領域看見（醫藥、表演藝術，以及木工和水電工這類技術）。這些技能透過傳統的師徒制關係，傳承下來，但這不是教練，比較像是手把手的近距離教學。這個過程有一定的時間長度，學徒學會技術之後就能出師，結束關係。但教練是個持續進行的過程，就像我們想要持續進步一樣，沒有止境。**教學和教練的差別，就是「我想要學習」，和「我需要協助讓自己越來越好」之間的差別。**

我永遠是對的嗎？

我在阿蒙克的時候，尚未充分領略這個區別。按照慣例，我在職業生涯中最重大的突破，都是在事件發生後幾個月，在某個人的提點之下突然心領神會的。這一次，提點來自一家大型製藥公司執行長的一通電話。

我曾經為那位執行長公司的人資部門，帶了一個領導力工作坊，那位執行長也有參加。我在上課時所說的某句話，必定觸到了他的痛處，因為他後來對我提出了一個不尋常的要求。他說：「我底下有一個人掌管一個很大的事業單位，他每季都能達標。他是個年輕、聰明、操守好、主動、有創意、有魅力、自負、固執、自以為無所不知的混蛋。我們公司建立在團隊的價值之上，而所有的人都認為他沒有團隊精神。如果我們能讓這個人改變作風，公司就能如虎添翼。否則，我們就必須請他走人。」

在那之前，我不曾與高階主管進行一對一教練（我們今天所知道的領導人教練領域，當時還不存在），更不曾與隨時可能被數十億美元公司的執行長炒魷魚的主管合作。根據那位執行長的簡潔描述，我已經見過那位仁兄很多次了。他是典型的人生勝利組，不論是在職場、玩飛鏢，或是與陌生人爭辯，他都一定要贏過別人。他一進公司，額頭上就印著「潛力股」的戳記。像這種一輩子活在「我永遠是對的」光環裡的人，會願意接受我的協助嗎？

在那之前，我教過許多中階主管的團體課程，那些人就在成功的邊緣，只差一點點就能跨過去。我的方法能否以一對一教練的方式，成功應用於更高階的主管？我能否讓一個顯然已經很成功的人，變得更加成功？

我對那位執行長說：「我或許能幫上忙。」

那位執行長嘆了一口氣說：「我很懷疑。」

「這樣吧，」我提議，「我和他合作一年，如果他的情況改善了，你就付我錢；如果沒有，你不用付我一毛錢。」

隔天，我搭飛機到紐約市，和那位執行長，以及我的第一位一對一教練客戶碰面。在這次的合作中，我有一個很大的優勢：我的客戶必須全心全意投入教練過程，否則他就會丟掉工作。所幸，他很有職業道德，也願意改變自己，最後，他改善了，我也拿到錢了。不過，隨著我與更多和他一樣的客戶合作，我開始學會創造一個讓領導人開口求援，也不會覺得不好意思的環境。

「需要練習」

這源自我在ＩＢＭ注意到的矛盾情況：領導人認為員工需要教練，但他們自己不需要。當然，這是個很荒謬的想法，沒有人是完美的，我們每個人都有缺陷，我們都應該尋求協助。我在事業上的突破性進展是，讓那些功成名就的客戶去意識到這個永恆不變的真理。

我運用的一個方法是，請他們以領導人的身分，列出他們能夠為其他人提供的協助。我把它稱作「需要練習」：你的部屬需要從你這裡得到什麼？

他們立刻不假思索地寫下顯而易見的答案：支持、認可、歸屬感和使命感。然後，他們會再深入一點：人們需要得到愛與尊重，需要別人聽見自己的心聲；他們需要對人展現忠誠，同時得到對方以忠誠回報；他們需要在妥善完成工作之後得到公平的獎勵，不被人忽略或漠視。

「你的部屬有好多匱乏。」我會對我的執行長客戶這麼說。「你為何不轉個方向，承認你也需要這些東西？跟他們相比，你也好不到哪裡去，他們當中有一、兩個人將來甚至可能接替你的位置，他們就是你。」

我希望我的客戶能夠明白，當他們以支持員工的主管自居而自我感覺良好，但同時又自我矛盾地斷言，自己不需要那些支持，他們其實是在貶低員工，鄙視他們的需求。而員工不會沒有注意到他們的這種心態，這是領導力的一大敗筆。

成功的領導人很害怕在任何事上失敗，所以他們很快就會克服說出「我需要協助」的羞恥感和厭惡感，並接受教練的輔導。他們會發現，比起靠自己，有人幫助會讓他們有更好的表現。聰明的人居然需要有人告訴他們這件事，實在令人驚訝，不過，那個時代已經過去了。現在，企業為高階主管安排教練已經非常普遍，這證明企業很重視領導人，也願意花錢讓他們更進步。

參與ＬＰＲ不需要花那麼多錢，就能得到教練的許多好處。最重要的是，它使你能理直氣壯地說：「我想要更進步，而我需要協助。」參與ＬＰＲ所需要付出的代價，就是承認這個事實。

我帶客戶進行「需要練習」的次數越多，就越清楚地感覺到，需要任何東西（不論需要的是協助、尊敬、休假，或是第二次機會），在職場中已經演變成一種嘲弄的笑點，彷彿是一種令人反感的人格缺陷或是弱點，就和無知或無能一樣。

有一種需求長期遭到貶抑，令我百思不解，那就是被人認可的需求。如果你用谷歌查詢「被認可的需求」，前一百個詞條都把它描述成一種心理缺陷，而且通常用令人不舒服的行為來說明，像是：「看重別人的意見更甚於自己的意見」、「即使心裡不認同，嘴巴上也要贊同別人」，以及「為了讓別人喜歡自己，而讚美別人」。

從什麼時候開始，尋求他人的認可或肯定變成了一件壞事，成了虛假、諂媚和別有心機的同義詞？尋求他人的認可或肯定，怎麼會被現代人貶低成一種匱乏？

我認為，在職場裡，人們對認可的扭曲見解，就和對於尋求協助的錯誤看法一樣，源自組織的最高層。根據我與成功領導人的合作經驗，我發現，這些領導人能夠很敏銳地察覺員工對認可和肯定的需求，而且非常善於滿足這些需求。然而，如同他們不願承認自己需要協助，他們也不願意承認自己需要認可或肯定。他們告訴自己，身為領導人，內在的認同（也就是自我認可）應該就已足夠。任何多餘的要求都是譁眾取寵，等於是在討拍。這所造成的結果是：執行長的心態一路向下滲透，使得認可和肯定在整個組織裡，都失去了該有的地位。

這種「照我所說的做，別照我所行的來做」，不願尋求認可的心態，影響甚廣，連這方面的專家也難以倖免。關於「肯定」在職場中的價值，我的摯友（也是百人教練其中之一）切斯特．艾爾頓（Chester Elton）是世界級權威。我問他，在他共事過的領導人當中，是否也看過不願尋求肯定的心態。

他說：「你可能問錯人了。在我的人生中，曾經有一段非常沮喪的時期。於是我寫字條給十幾個朋友，告訴他們，『我一天到晚跟人談肯定，說實話，我現在也很需要得到一些肯定。』結果，我收到了十幾封信，讓我的心情頓時好轉。他們讓我重新活了過來。」

「這樣聽起來，你應該是我要問的對象。」我說。

「那個情況只發生過一次，而且是在二十年前，我後來再也沒有做過。」他這麼說。

然後，他意識到自己犯了「照我所說的做，別照我所行的來做」這個錯誤。「我應該要尋求肯定的，而且以後我也打算這麼做。」

看見自己的需求

多年來，幫助領導人接受，並看見自己的需求，一直是我的教練工作很重要的部分。有時候，那是他們唯一需要的忠告。

我在二〇一〇年開始成為修伯特．喬利（Hubert Joly）的教練，當時他是總部位於明尼亞波里斯的全球飯店集團卡爾森（Carlson）的執行長。我按照慣例，去與修伯特的直屬部屬，以及卡爾森的董事會成員訪談，把他們的反饋濃縮成兩份報告。我先把正面反饋的報告寄給修伯特，建議他好好欣賞自己的優點；隔天，我把另一份更長的報告寄給他，上面是負面的反饋，我請他慢慢消化這些反饋。

我在《UP學》一書中列出了高階主管的二十個壞習慣，修伯特雖然已經是一位備受尊敬的領導人，他還是有書中提到的十三個壞習慣。他最大的毛病是，認為他需要為所有事情增加價值，這個毛病會附帶其他的毛病，像是太想贏和愛論斷。

接下來，我和修伯特碰了面。我看得出來，人家說他什麼都要辯贏的毛病，是從哪裡來的。在求學階段，他上的是法國的精英名校，而且在班上總是名列前茅。他在麥肯錫顧問公司（McKinsey）工作時，是公司的明星顧問。三十多歲時，他成為EDS-France總裁，然後他搬家到美國，在卡爾森集團一路晉升到執行長的位置。

我也發現，他也是一位宗教學者，他與聖約翰修會（Congregation of St. John）的兩位僧侶（他們在商學院結識），一同寫了不少關於工作本質的文章。他不僅熟讀新舊約聖經，也熟知古蘭經和東方的宗教思想。我們兩人相談甚歡。

我沒有和他詳談報告裡所有的壞習慣。我要他挑三個他想下功夫的習慣，並且承諾要努力改進。然後，我們的教練流程就開始了：向同事為自己過去的行為道歉，承諾要做得更好，尋求協助，以及以感恩的心接受別人提供的前饋建議。

兩年後，修伯特成為百思買（Best Buy）執行長，面對美國企業界最嚴峻的挑戰之一：帶領這個大型家電零售商，跳出與亞馬遜價格競爭的泥沼。修伯特到百思買上任之前，已經有顯著的進步，他其實可以宣告勝利，結束我們的教練關係。但他沒有這麼做，基於兩個理由：一、他下定決心要持續自我提升，他已經很習慣向別人表達他需要協助的需求；二、他希望百思買的同事能親眼看見自我提升的過程。於是他邀請我在他上任之後，繼續擔任他的教練。他把需要協助的需求公告周知，事實上，他告訴他的團隊：「我有一個教練。我需要反饋，你們也需要反饋。」

他為百思買設定的策略是，不削價競爭，而是提供顧客更優質的「建議、便利性與服務」，藉此與線上零售商競爭。這代表當顧客來到一千多家實體商店的其中一家，現場銷售人員必須具備豐富的產品知識與服務熱忱，使顧客沒有理由去別的地方買東西。換句話說，修伯特孤注一擲，把所有的賭注押在百思買的員工身上。

隨著修伯特對百思買越來越熟悉，我們討論到，要如何讓所有員工支持他的策略，而修伯特想出一個顯然違反直覺的策略。修伯特並不打算用常見的由上到下管理方法，來幫助員工。相反的，他請員工來幫助他。他把自己的弱點向他們公開，承認自己踏出的每一步都需要協助。他希望得到員工的肯定，但不是透過「你喜歡我嗎？」這類的私人保證，而是希望他們「相信」他的策略，並且投入執行。

就像優秀的銷售員總是會請顧客下單，或是經驗老到的政治人物絕不會忘記請選民投票給他，修伯特要的是很深的東西。他請員工把「心」交給他，相信他的策略，而他們也這麼做了。修伯特唯一需要做的，是向他們開口。

在這個轉型過程中，百思買的股價翻了四倍，亞馬遜的傑夫．貝佐斯（Jeff Bezos）在二〇一八年說：「從修伯特到百思買以來的這五年，是非常精彩的一段時光。」修伯特不僅幫百思買轉型，他自己也產生了巨大的轉變。

在員工的眼中，他成了一個有血有肉的平凡人，不完美，脆弱，願意承認他不懂所有的事，並因此願意尋求他人的幫助。他加入艾倫·穆拉利和法蘭西斯·賀賽蘋的行列，成為我最成功的三位客戶。艾倫和法蘭西斯之所以最成功，是因為他們需要改變的部分最少（我剛認識他們時，他們已經很棒了，後來變得更棒了）；而修伯特之所以最成功，是因為他改變得最多。

人人都需要協助

如果我只能給你一個忠告，使你提高開創無悔人生的機會，那麼我的忠告是：尋求協助，你比你所知道的更需要協助。

當你的身體有病痛時，你會毫不猶豫地打電話給醫生；當你的水管堵住時，你會立刻打電話給水管工；當你遇到法律問題時，你會馬上去找律師，你知道如何尋求協助。然而在生活中的每一天，有很多時候，尋求幫助顯然是更好的選擇，而你卻拒絕這麼做，你要特別留意以下兩種情況。

第一種情況是，你覺得尋求協助是很丟臉的事，因為這會使你顯得無知或無能。某個高爾夫俱樂部的一位專業教練曾經告訴我，在三百位會員中，不到百分之二十的人上過她的課。那些會員覺得自己的揮桿技術太爛，不好意思請她幫助他們。「為俱樂部裡最優秀的三、四十個人上課，是我的收入來源。」她說。「他們只想打出更好的成績，他們才不在乎自己用什麼方式進步，或是誰幫助他們進步，他們的計分卡也不在乎。」

第二種情況開始於你告訴自己，「我應該有能力靠自己就好」。當你要做的事所需要的知識或技能，很接近你認為自己已經擁有的知識或技能，你就會掉入這個陷阱。你在你熟悉的區域開車，所以你不需要靠手機導航，應該就能到達目的地；你有演講的經驗，所以你不需要把婚禮上的敬酒詞，或是今年最重要的銷售簡報，先說給朋友聽聽看，請他給你一些意見。

我現在已經沒有這種問題了，所以我把「我是否盡了全力尋求協助？」從我的每日提問清單中剔除。多年前我問自己，在我的人生中，有什麼樣的事情或挑戰是我獨自處理，而不請別人幫助，能更有效地完成，並帶來更多的好處？我想不出任何一件事。你也應該問問自己這個問題。

回想一下過去，當某個人（朋友、鄰居、同事、陌生人，甚至仇人）請你幫忙，你是否：

• 拒絕他
• 討厭他
• 覺得他很愚蠢
• 質疑他的能力，或是
• 因為他需要別人的協助，而在背後嘲笑他？

如果你像我認識的大多數良善的人一樣，你的第一個反應是去幫助他。如果你有所顧慮，是因為你沒有能力幫他的忙，而且你很可能會為此向他道歉，覺得無法幫上忙是你的問題。你絕對不會立刻斷然拒絕他。

在你否決「向他人尋求協助」的念頭之前，請想一下：如果你願意幫助任何向你求援的人，而且不會對那個人產生任何負面的看法，那麼你為何要擔心，當你求援時，別人不會以同樣的熱心和體諒來對待你？推己及人的黃金法則，其基本精神是雙向的，同樣適用於幫助別人和接受幫助的情況。

一個更有意義的問題是：當你幫助別人之後，心裡有什麼感覺？你一定覺得很棒，不是嗎？那麼你為何不讓別人也擁有同樣的美好感受呢？

練習

寫下你的求助史

這個練習會幫助你恢復記憶和謙卑。

請你這樣做

寫下五到十個你最自豪的成就，尤其是那些你覺得你應得的成就。現在想像，你受邀去為每一項成就接受頒獎，而且要在親朋好友和同事面前發表謝詞。你會感謝誰？為什麼？

我猜你會發現，你的每個成就都不是全靠你自己的力量達成的。我指的不只是意外的好運氣和機緣巧合，還有來自他人的智慧和影響力，幫助你推動進展，或是避開一個災難性的誤判。如果沒有回顧這些記憶，我猜你會一直低估你此生所得到的協助。

一旦你意識到所有被你遺忘的協助，或是被你忽略的功勞，你就準備好要領受這個練習的啟示了。你可以開始想像，假如你更常尋求協助，你的成就是不是會更多（並有點懊惱）。現在把你的想像力向未來延伸：你未來在哪些方面需要協助？你會先向誰求援？

12 當贏得目標成為一種習慣

贏得目標（earning）的起點是什麼時候？終點又是什麼時候？我們何時會從人生奮鬥的過程中，抽出時間來回味，並重新審視這個贏得的過程？（而且得到的結論通常是，我們需要再贏得下一個目標。）

我們在前面四個章節思考了獲得無悔人生所需要的紀律，它是一種習得的能力，由遵從、當責、追蹤、衡量和社群組成。我們也檢視了人生計畫檢討會議的結構性元素，這個系統幫助我們跟著計畫走，不致於脫軌。我們也意識到，當我們承認自己需要幫助，並尋求他人的協助，我們會做得更好。

紀律、跟著計畫走、尋求協助，下一個重要的主題是關於時機。創造無悔人生是非常辛苦的一件事，往往消耗大量的時間和精力。但我們只是平凡人，我們的資源（精力、動力和專注力）總有耗盡的時候。我們究竟何時該加速，何時該休息和充電？我們該如何在「不斷贏得目標的急迫感」，與「停下來反思我們完成了什麼，以及還有什麼要完成」之間，取得平衡？

贏得你的人生是一場馬拉松賽，它是最重要的馬拉松賽。不論是自我覺察，還是對環境的覺察，你都需要一個策略，使你在急切追趕和筋疲力竭之間保持平衡，直到贏得目標成為一種習慣。

❶贏得你的開始

在你的一生當中，你會經歷一個又一個的階段，一個階段結束之後，下一個階段就會開始。有些階段是可預測的人生標識：畢業、第一份正式的工作、結婚、第一個房子、成為父母、離婚、事業上的成功、事業上的挫敗、失去摯愛的人、意外的好運氣、非凡的點子。

這些時刻可能令人非常興奮，也可能使人困惑到不知所措（「我接下來該做什麼？

」）它可能是契機，也可能是危機；可能是轉捩點，也可能是挫敗。蓋爾・希伊（Gail Sheehy）在一九七七年的暢銷書《人生變遷》（Passages）中，把這些時刻稱作「變遷」。我的故友威廉・布瑞奇（William Bridges）將它稱為「轉變」（transitions）。（每隔幾年，我就會重讀他在一九七九年的經典之作《轉變之書》〔Transitions〕，我非常推薦這本書。）

我們都經歷過這種新舊之間的夾縫時刻。布瑞奇說：「轉變的過程不會有替代的現實等著上陣頂替。人生的某部分結束時，你就自動進入轉變狀態。」

如果我們把轉變狀態視為行動的暫時停滯，暴風雨前的寧靜，它讓我們暫時休息一下，並被動地等待下一個階段（我們的「替代的現實」）開始，如果我們這麼想，就大錯特錯了。我們的轉變狀態並非空白時期，讓我們漫無目的地閒晃，直到我們找到撤離路徑。轉變是活生生的有機體，就像我們人生的其他部分一樣，充滿生機。

美國編舞家崔拉・夏普（Twyla Tharp）是轉變的專家，在她五十年的創作生涯中，她創作了一百六十多齣芭蕾舞劇和現代舞作。那代表她要經歷一百六十多個舞作之間的轉變期。那也是一百六十多個誘惑（一年至少三個）：在下一個舞作產生之前，先躺下來小睡一下。

夏普沒有上鉤。她沒有等待下一個靈感從天上掉下來，而是積極地尋找靈感。按照她的說法，她必須「贏得下一個開始」——把上一齣作品拋在腦後，研究作曲家，聽音樂，花很多時間獨自嘗試各種舞蹈動作，同時把過程錄影下來，不讓任何一個創意溜走。當所有的片斷連貫起來之後，她就可以開始創作了，這就是她贏得下一個開始的方法。

舞作之間的空檔，在外行人看來是毫無動作的靜止期，但事實上，夏普卻是極度專注、大汗淋漓，和舞碼開演之前的舞者預演，沒有兩樣。對夏普來說，轉變期不是喘息時期，而是贏得目標的過程中另一個關鍵部分，就和她努力贏得其他的目標一樣辛苦。

我認為夏普說得對：**我們每個人都有一套獨一無二的標準，用來定義我們人生的轉捩點，也就是當我們與過去的自己切割、開始迎向新的自己的時刻**。像夏普這樣的創作藝術家，可能從微觀尺度，把轉變時刻定義為舞作之間的空檔，或是從宏觀尺度，把轉變時刻定義為，她的創作生涯中不同風格時期之間的切割點（類似於畢卡索的藍色時期與玫瑰時期之間的分界）。而你和我可能選擇用其他的方式，來標識人生的轉捩點。

例如，我人生中的重要轉捩點是用「人」來標識，說得直白一點，是對我說出各種版本的「你可以做得更好」的人。在我的記憶中，第一個這麼做的人是十一年級的紐頓老師。他對我說，數學成績拿D怎麼樣都說不過去，他期望我拿出更好的表現。類似這樣的情況，在我的人生中發生了十幾次。每一次，不論那個人是有意還是無意，都使我對於當時的自己突然感到不滿意，強烈渴望成為另一個人。雖然我還不知道我想成為什麼樣的人，但那些人促使我進入轉變狀態，於是我開始整理我的選項，找出答案，然後贏得我的下一個開始。

你用來詮釋人生歷程的標識物，是非常個人化的選擇。一位高階主管告訴我，他的人生拐點是他經歷過的失敗，因為他把每個災難的羞愧記憶，都變成記取教訓的時刻，使他不再重蹈覆轍。另一位主管說，他的人生有五、六個轉捩點，在那些時刻，他意識到，他已經不是全場最年輕的人，而他的影響力已經變大了。他標識時間變遷的方式，是當他意識到他的事業位階提升了。一位工業設計師用她設計的產品，來標識她職業生涯的拐點。每個設計都像是一個里程碑，使她看見自己從一個產品到下一個產品之間，走了多少路。當她按照時間順序看著自己的設計，她看見的是，每一個產品的上市，都是自己進步的證據。

年紀也是一個因素。隨著年齡的增長，你會從不同的觀點來看人生的重要轉捩點。二〇二二年，我透過十幾個人對我的影響，來解讀我長達七十三年的人生。但是對一個十八歲的年輕人來說，她看的是從幼兒園到高三的那十三年，她從一個階段進入下一個階段的轉變期是暑假。當她更年長一些後，年輕時期覺得像是轉捩點的轉變期，會漸漸變得模糊，而其他原本沒有注意到的時刻，會突顯出來，成為她的轉捩點。當她和我一樣來到七十三歲時，我很懷疑她會把高中發生的事視為轉捩點。

直到你處於轉變期，你才會知道你是否開始贏得你的下一個開始。直到你找到方法標識你的轉捩點，你才能看出你的轉變期。

❷與你的過去切割

在你能贏得下一個人生階段之前，你必須與你宣稱已經拋棄的上一個階段切割。你不但必須把過去的成就放下（你已經不是贏得那些成就的那個人），你也必須放棄舊的身分認同和做事方式。你可以向過去學習，但我不建議你每天回顧過往。

我在二〇一八年結識了柯蒂斯．馬丁，當時他已經從美式足球聯盟退休十二年。我很好奇，他怎麼面對從職業運動員回歸一般人的過渡期。他想念什麼？什麼是他難以放下的東西？我以為他會提到比賽、隊友、加油歡呼，那些退休運動員在接受訪問時通常會說的事。我真傻，我的猜測與實情差了十萬八千里。

柯蒂斯說，他想念職業運動員的「模式」。能夠進入美式足球聯盟的運動員，通常從高中時期就是同齡者當中的佼佼者。他們剛上中學的時候，就被大人注意到，並且受到很好的訓練和照顧。他們從來不需要請大人給他們方向，永遠有人會幫他們安排好一切，即使當他們三十多歲，有自己的想法，成為身價不菲的超級巨星，依然如此。從七月的夏季訓練營，到一月的季後賽，職業美式足球運動員生活中的每一分每一秒，都受到嚴格管控：吃什麼食物，何時做重訓，何時研究比賽錄影片段和牢記戰術，何時練習，何時治療運動傷害，何時去搭球隊的巴士或噴射飛機。因此，最有成就的運動員把一部分的成功歸功於，他們多年來採取的訓練和工作模式，並不令人意外。

這正是「每一次呼吸典範」（「每一次的呼吸，都是新的我」）吸引柯蒂斯之處。或許是因為柯蒂斯意識到，運動員生涯無比脆弱，你的價值相當於你上一次比賽的成績，而且你不能靠上一個球季的統計數字，來保住你的飯碗。或許是因為帕索斯教練曾對他說：「柯蒂斯，千萬不要讓自己下場，因為取代你的人可能讓你再也上不了場。」

柯蒂斯雖然活在當下，他的目光卻投向未來。他總是把過去拋在腦後，那是上一個自己留下的東西。在他的職業運動員生涯中，他活在兩個軌道上：現任運動員和前任運動員。在「現任運動員軌道」上，他遵守球隊安排的模式，他知道這些模式可以帶給他成功所需要的專注力；在「前任運動員軌道」上，他把從美式足球學到的教訓，即時轉化成他在未來能夠運用的智慧。

當他在三十三歲退休時，要他不靠別人給予方向，並不困難，因為他已經準備好要運用自己內心湧現的方向（而那個方向與他的人生渴望一致，也就是幫助他人）。他的生活依然需要「模式」，但現在，他可以自己決定要用什麼模式。

當我們能與過去的自己切割，要放下過去的所有模式，來創造一個新的自己，就會變得非常容易，就像離開房間時把電燈關掉一樣簡單。

❸ 掌控反應

養成好習慣沒有祕訣。如今，它已經是經過詳細研究的行為學概念，常被稱作「刺激、反應，與結果」三步驟。我的研究所老師把它稱為ＡＢＣ順序，也就是前因（antecedent）、行為（behavior），和後果（consequence）。我還聽過其他人用「原因、行動，和影響」來描述這個概念。不論是用什麼名稱，只有中間的部分最重要：我們的反應（或是行為或行動），那是我們可以控制和改變的部分。

假如我們對於相同的刺激，每次都做出很糟的反應，我們得到相同令人失望的結果，一點也不奇怪。到後來，我們的糟糕反應成為意料之中的事，也就是說，我們養成了另一個新的壞習慣。**要消除新習慣的唯一方法，就是有意識地用更好的行為，對相同的刺激做出不同的反應**。也就是說，我們不要殺死帶來壞消息的信使，而是保持冷靜並感謝信使。改變反應，我們就能改變習慣。

我總是不厭其煩地提醒聰明的領導人，要留意這個定律的作用。我告訴他們，把每次與員工的會面，都當成充滿危險的地雷區，裡面充滿各種刺激他們的元素，那些刺激可能會誘發他們的壞習慣：一定要成為全場最聰明的那個人；增加過多的價值；每次爭論都要贏；懲罰坦率直言。

我的客戶學得很快，他們不需要接受心理治療，只需要有人提醒他們，要留意他們在會議中的反應。那個提醒可以很簡單，像是把一張小字卡放在面前，針對他們的毛病做一些提醒：「不要試圖贏過別人，這值得嗎？你是這個主題的專家嗎？」他們只需要把這個卡片放在視線範圍內，就能改變他們對某些不悅刺激的反應。好的行為就是這樣透過儀式和重複，轉變成持久的習慣。

我們能否把同樣的機制，應用在複雜且重要的事情上，像是活出無悔人生？我們能否把贏得無悔人生變成一個習慣，就像我們聽到別人讚美，自動會說「謝謝」？

我認為可以，只要我們在刺激和結果之間，在做出正式的反應之前，稍微停下來想一下。這個暫停時刻給我們時間去思考，當下的事件直接和間接傳達的訊息是什麼，以及我們希望透過行動產生什麼結果。它促使我們理性地做出對我們最有益的反應，而不是情緒性或衝動地做出反應。

發揮後見之明，我會說，在我求學的階段，當某個人對我說：「你的能力不只有這樣」，我一定是憑直覺知道，我正面臨人生中一個有意義的轉變期，一個擺脫舊的我、成為新的我的機會。那句話是個外來的刺激，告訴我「孩子，你搞砸了！」言下之意是，「如果你不改變，你會後悔一輩子。」

我第一次遇到這種情況，是當紐頓老師說我的能力不只如此，而我的反應是，用行動來證明他是對的，來贏得他的肯定。我在高三的數學成績全都拿A，並且成為我的高中第一個在數學學力測驗拿八百分滿分的學生。我很希望我能說，我對那句話的反應，永久性地改變了我的態度。但是我們無法靠單一事件來養成好習慣，只有不斷重複練習，才能讓我們養成好習慣。

我到印第安納州的羅斯豪曼理工學院上大學的時候，又回復以前敷衍取巧的舊習。於是在一九七〇年，我再次被當頭棒喝。經濟學教授殷老師對我說，只要我能「痛改前非」，他對我的未來很有信心。他建議我去考GMAT（研究所管理類入學測驗），攻讀印第安納大學的MBA學位，我照做了，後來還奇蹟似地到UCLA攻讀博士學位。

我在UCLA時，至少又遇到兩個人對我說「你可以做得更好」，他們分別是羅伯·譚南邦（Bob Tannenbaum）和弗瑞德·凱斯（Fred Case）教授。每一次，我的反應都是努力改善我的表現。當我遇到保羅·赫賽教授這個人生轉捩點時，我對「你可以做得更好」做出反應已經很多次，足以形成習慣了。每次當我面對「你可以做得更好」時，驅策我的主要力量，是我擔心自己將來會因為不夠努力而後悔。我不再是不可救藥的懶散鬼了，渴望竭盡全力贏得我的未來，並且逃避懊悔的痛苦，變成了我贏得目標的反應。

我相信正是這個原因，使我從一九七〇年代以來，當我聽見有人對我說「你可以做得更好」，我總是熱切積極地做出反應。我會暫停下來，審視人家為何會對我說這句話，也立刻知道這句話為何如此熟悉。我的大腦告訴我，「我經歷過這個情況，我認得這個徵兆，這是個轉捩點。」

刺激不變，成功的結果帶來的獎賞也不變，因此，我的反應也應該不變。我的大腦努力做出調整，而我決意要投入下一個人生階段的開始。我知道，這必須是努力贏來的，就和所有的事一樣。而我可以接受這個思維，於是贏得目標就成了我的習慣。

你的情況應該和我沒有兩樣，即使你不像我這麼幸運，能得到這麼多外來的鼓勵。實情是，我太安於我的舒適圈，而且被慣性拖累，所以我必須倚賴別人敦促我，離開我的小確幸世界，開始贏得下一個開始。

你不需要像我一樣。「你可以做得更好」程序不只適用於疏於開發潛力的人，也適用於已經實現自我，但相信自己還可以更上一層樓的人。你不必像我一樣，等待別人來指點你正確的方向（雖然這永遠是好事）。或許你已經對自己這麼做了，每當你認為你能夠，也應該做得更多，你就相當於啟動了「你可以做得更好」程序。自己鼓勵自己的效果也一樣好，而且同樣是一個值得養成的習慣。

❹專注當下

高爾夫是一項難度很高的運動，在打十八洞的過程中有幾次滑桿，在所難免，即便是最厲害的人打得最順手的時候，也難以避免。高手在球場上會純熟地運用遺忘，來應對自己的失誤。他們會短暫有效地面對在所難免的失誤（很快地爆發一下怒氣或是痛恨自己，把壓力宣洩出來），然後就把它給忘了。

當他們從開球區走兩百多步的路，到球的落點，這個落點有時候是離球道二十多碼的地方。那裡的草很高，還有低矮的樹枝擋路，他們會在走向落點的這段時間，讓自己冷靜下來，聚焦在當下的情況，也就是接下來要打的這一桿。他們是活在當下的高手，不論剛才球場上發生了什麼事，都不會影響他們的思緒。他們與桿弟一起討論策略、距離，以及該選用什麼球桿。

他們惦量著要怎麼打那顆埋在草裡的球，他們計算風險與回報，究竟是要大膽地把球打上果嶺，還是摸摸鼻子，把球打回球道。下一桿是下一桿的事，但在這一刻，他們必須決定要怎麼打這一球，然後揮桿，其他的事都不重要。

他們一局要這樣做六、七十次，這是他們每次揮桿之前的慣例。換句話說，這是個習慣。這個慣例最有啟示性的部分是，從上一個位置走到下一個擊球點這段路，不論是三百二十碼的擊球，或是二十呎的推桿（但停在離洞三呎的地方）。他們透過這段距離，從上一桿轉換到眼前這一桿，專注於當下。如果他們每一桿都這麼做，他們會對自己感到滿意，不論計分卡是否反映出他們表現的品質。至少，他們知道自己在目前的處境，盡了全力。

觀看高爾夫賽事轉播時，選手們對每一桿進行這種費時的評估慣例，對於像我這種球技很爛的人來說（我在二十五年前就放棄這項運動了），就像是看草長高一樣無聊。那些職業選手為什麼不像我一樣，直接走到球的落點，然後揮桿，不就好了？當然，職業選手的做法才是對的。堅持這個慣例，是他們成為頂尖選手的重要原因。也因此，職業選手的做法是個非常貼切的類比，幫助我們了解，如何把過去和未來的自己，與現在的自己分開。它突顯出專注當下的智慧。

諾貝爾獎得主丹尼爾．康納曼（Daniel Kahneman）有一句名言：「眼見即為事實」（What you see is all there is, WYSIATI）。他想指出，人們總是急著用有限的資訊，倉促地做出結論。這種急著做出判斷的情況是另一個例子，說明人類是充滿偏見、不理性的動物。

我比較喜歡從更正面的觀點，來看「眼見即為事實」這句話，用它來提醒自己，我們看見的事實取決於當下的情境，以及盡我們所能，處理眼前的事，是很可貴的事。當高爾夫球員要揮出每一桿時，他們極度理性、心無旁騖，不讓過去或未來的事影響他們的判斷。他們認為高爾夫就和大部分的人生一樣，取決於當下的情境，與過去或未來無關，只關乎現在。處於最佳狀況的高爾夫球員，就相當於佛教的正念和活在當下的大師。

活在當下的珍貴價值，不該有任何爭議。然而，無法「專注揮桿」，卻是人們最普遍的行為模式。我們一整天都是如此：我們在吃早餐的時候對孩子視若無睹，因為我們一直在腦海裡演練等一下要在公司做的報告；我們在開會時心不在焉，因為我們一直想著十分鐘前的一通惱人的電話；我們根據某個人在我們記憶中最差的印象，來將他歸類，拒絕原諒他，也不願意相信人會改變。

當我們無法專注當下，我們就無法進入轉變期。我們會看不見，我們的世界裡有某件事（不論大小）已經發生了不可逆的改變，而我們必須面對這個新的現實。二〇二〇年三月，當全世界因為新冠肺炎疫情進入封城狀態，我在百人教練社群目睹了一個這樣的例子。有些社群成員能夠平順地從過去過渡到現在，有些人卻走不出來。其中一個例子是塔莎．歐里希（Tasha Eurich）。

二〇二〇年，本來應該是塔莎事業大爆發的一年。她在兩年前出版了第一本書《深度洞察力》（Insight），由一家大型出版社發行，這本書講的是，「我們如何看自己」，以及「別人如何看待我們」之間的落差。它在企業界引起了許多人的關注。塔莎是個充滿電力的講者，她真的很棒，我請她在二〇二〇年一月在聖地牙哥的第一次百人教練聚會，帶領下午第一個時段的活動，結果她大受歡迎。

六個星期之後，所有人的計畫都化為泡影。塔莎受到了沉重的打擊。她醞釀了兩年，準備在二〇二〇年大放異彩，結果一切卻化為烏有。她沒有因為其他人也經歷同樣的痛苦，而得到安慰。這是個外來的衝擊，沒有人知道未來會如何發展。

當我在二〇二〇年五月和她聯絡時，她還沉浸在所有心血付諸流水的打擊中，她還沒有準備好向前看，面對現實。這個世界改變了，而塔莎卻無法轉換到改變後的世界。我建議她採用「專注揮桿」的思維，放下她無法改變的過去。我也提醒她，這個世界或許崩塌了，但它並沒有消失。

慢慢地，她的企業客戶逐漸適應了新的工作環境——辦公室空無一人、所有人遠距工作、Zoom的普及使用，企業又開始需要她的專長了。這個需求不像疫情前那麼穩定（至少還沒有），但她慢慢開始把過去拋在腦後。當你這麼做的時候，你所擁有的就只有現在和未來。「現在的自己」和「未來的自己」之間的區別，對塔莎來說是個有意義的洞察，使她對未來更有盼望。

二〇二〇年十一月，塔莎的顧問和教練業務還不足以填滿她的日程表，於是她決定利用空閒時間，成立自己的指導社群。她比照我成立百人教練的模式，自拍一段影片，邀請人們申請加入這個社群，接受她提供的教練。有數百人提出申請，她挑選了十個人，暱稱它為「塔莎十人社群」。這麼做不會帶來收入、也不會得到大眾的讚許，這是一個私人的付出，讓塔莎的生命更有使命感和意義。她不知這個社群會如何發展，但她熱切地想要知道答案。

塔莎的轉變在那一刻完成了。她不再緊緊抓住疫情前的世界，那個世界讓她名利雙收，但永遠回不來了。她找到有意義的事來取代那個世界，她贏得了她的下一個開始。

終點與起點

我在本章的開頭提出兩個問題：贏得目標的起點是什麼時候？終點又是什麼時候？簡短的答案是：當我們完成我們一開始打算做的事，或是當這個世界或我們自己的變化，使我們不再需要把這件事繼續做下去，這就是贏得目標的終點。當我們為了重新定義自己是誰，並決定我們需要再造自己的人生，讓自己成為人生的真正主人（儘管這可能是別人提出的主意），這就是贏得目標的起點。

在起點和終點之間，我們必須放下許多東西（像是我們的角色、身分認同、對過去的忠誠、我們的期待），然後拼盡全力，找出下一個目標。我們就是這樣贏得人生中的每一個新的開始。我們必須為一部分的人生關上門，然後打開一扇新的門。

練習

你的「不可能」是什麼？

當詩人唐納德．霍爾（Donald Hall）問他的雕塑家朋友亨利．摩爾（Henry Moore），人生的祕密是什麼，當時剛滿八十歲的摩爾，給了一個簡短而實際的答案：「人生的祕密就是，找一件事來做，你願意奉獻一生去做的事，你願意把所有的一切、這輩子的每分每秒都投入其中的事。最重要的是，它必須是你不可能辦到的事！」（對我來說，這正是渴望的完美例子。）

霍爾認為，摩爾對於「你不可能辦到的事」的定義是：「成為世人所知道最偉大雕塑家」。這或許是個崇高的渴望，但它不會比其他人看似平凡的渴望更偉大：幸福快樂、受到啟發、當我們離開這個世界時，被人懷念。

你的「不可能辦到的事」是什麼呢？

13 付出代價，然後吃棉花糖

多年前，我受邀到瑞銀集團的私人財富事業部所主辦的女性企業家論壇演講。在我之前上台的主講者，是一位在科技業創業的女性先驅，她是公司的創辦人兼執行長，也是一位名人。二十年後的今天，我還記得她的發言所蘊含的智慧，以及令人耳目一新的坦率。她的演講內容我難以超越。

她說，她不常擔任導師，因為管理公司非常耗費心力，如果她接受所有人的請求，成為導師，那會用掉她所有的時間。她說，她的人生有三個堅持：她要把時間留給家人；她要管理好自己的健康和身材；她要努力把工作做到最好。那三個角色佔掉了她所有的時間。她不煮飯、不做家事、不處理雜事。全場所有的女性都聚精會神地聽她講話，然後她繼續加碼，直白地說：「如果你不喜歡煮飯，就不要煮；如果你不喜歡園藝，就不要在院子裡種花花草草；如果你不喜歡打掃家裡，就請人來幫忙打掃。只要做對你來說最重要的事，其他的事情一律都擺脫掉。」

一位女性聽眾舉手發言，「你說得簡單，那是因為你很有錢。」

那位執行長不接受這個藉口。她反駁道：「據我所知，這裡每個人的年收入至少有二十五萬美元。你們如果不夠成功，就不會被邀請來到這裡。你是說，你請不起別人幫你做你不想做的事？在事業上，你不可能接受最低薪資的待遇，那麼為何在其他方面就可以接受？你把你的時間看得太不值錢了。」

她說出了一個一般人很難接受的事實：若要追求任何一種令人滿足的人生，尤其是無悔人生，你必須要付出代價。她指的不是錢，而是為重要的事盡最大的努力，接受必要的犧牲，覺察風險和失敗的可能，但有能力把它們排除。

有些人願意付那個代價。有些人不願意，這些人的理由很有說服力，但總的來說，這是一件令人遺憾的事。

一個更常見的藉口，是各種形式的損失規避（loss aversion）——當損失和獲得的東西價值相當，我們有更強的衝動去規避損失，而不是渴望得到那個東西。當我們的努力有很高的機率可以讓我們成功，我們就願意付出代價；如果成功機率低，我們就比較不願意付代價。我們希望確知，我們的努力和犧牲不會落空。我們非常害怕自己付出了一切想達成目標，最後卻什麼也沒得到。我們認為，全心全意的投入不該是一場空，所以我們會避免付那個代價。沒有付出，就不會白費力氣。

這個想法的影響非常大，我甚至必須把它納入我的一對一教練內容裡。雖然我那些事業有成的客戶顯然經常付出代價，那是他們功成名就的原因，不過我還是覺得，我需要向他們保證，他們在教練過程中的努力不會白費。我告訴他們：「這的確很困難，只要有一個疏忽，你就要重新開始。但如果你採取行動，並堅持一、兩年的時間，你一定會進步。」這幾乎接近於一種保證了。但傳達我的信心是教練工作的一部分，我降低客戶對付出代價的抗拒，讓他們有個好的開始。

另一個原因是缺乏遠見。我們今天的犧牲無法產生今天就能享受的回報。我們現在的自我克制所帶來的好處，要到很久以後才能得到，由我們還看不見的那個自己，來收割成果。這就是為什麼現代人寧可把閒錢花在自己身上，也不願把錢存進銀行生利息，在三十年之後變成一個可觀的金額。有些人能夠付那個代價，他們可以預見未來的自己，並感謝現在的自己所做的犧牲。有些人看不見那麼遠的未來。

第三個原因是我們對世界的零和觀點，也就是有得必有失。付代價是一個機會成本，相當於我們必須做出的犧牲。如果我做這個，就不能做那個。這個觀點並不是完全錯誤，不過，在考慮付出代價這件事上，它顯得沒有什麼意義。當我們選擇要付代價，去做有挑戰性、有風險的事，而不是簡單確定的事，不代表我們一定要犧牲那個確定的事。

大多數的時候，當你選擇了難走的那條路，你就自動把其他的選項排除了，包括確定的事。畢竟，你不能同時出現在兩個地方，你必須做個取捨。你越早接受這一點，就越願意付出代價。我看過一個關於法國滑雪運動員尚．克勞德．基利（Jean-Claude Killy）的故事。基利告訴他的經紀人：「我總是在冬季的所在地做訓練。半年在北半球，半年在南半球，我已經好幾年沒有過夏天了。」

基利是法國之光，他是一九六八年冬季奧運的明星，橫掃了高山滑雪項目所有的金牌。他的意思並不是說，很多年沒有過夏天是一種犧牲，他只是表明，為了成為世界冠軍，這是他可以接受的代價。等到他把金牌拿到手之後，他就可以盡情享受夏天了。

近幾年，我注意到人們不願意付代價的第四個原因：他們會被迫離開舒適圈。舉例來說，我不喜歡對抗的場面，十次有九次會避免讓這種情況發生，因為我覺得它不值得我這麼做。但在那十次當中，如果有我非常看重的事（某個計畫、我的家庭、需要幫助的朋友）陷入危機，我就會願意站出來對抗，做我認為必要的事。我不喜歡這種事，但我不後悔自己這麼做了。

我並不是在嘲笑上述原因。當你必須付出的代價大大超出你預期的回報，上述任何一個原因都很合理，因為你必須付出的努力與結果不相稱。這就像是花六個月去學習一種外語，只為了去某個國家玩一天，你不如在那一天雇用一位翻譯就好。

延遲滿足的考驗

我們若要做出更明智的選擇，知道何時該付代價、何時該跳過，就必須先解決無所不在的「延遲滿足，還是即刻滿足」二選一問題。**在我的字典裡，「付代價」是「延遲滿足」的同義詞；「不付代價」是「即刻滿足」的同義詞**，重點在於自制。這是你每一天、一整天都要面臨的難題，從你早上起床就開始了。

例如，你想要早一點起床，在出門上班之前去運動。當鬧鐘在早上五點四十五分響起時，你遲疑了一下，在床上多賴半小時的即刻滿足誘惑著你。你在「健身習慣帶來的益處」，和「在意圖受挫，以及意志力和決心的挫敗中，展開新的一天」之間做取捨。不論起床運動是否戰勝多睡半小時的誘惑，這只是你今天會面臨的許多天人交戰之一，也就是「延遲滿足，還是即刻滿足」的二選一問題。下一個戰場是早餐。你要像平常一樣吃有益健康的燕麥加水果，還是煎蛋、培根和吐司，再加上一杯雙份咖啡拿鐵？接下來是上班的第一個小時。你要先挑戰待辦事項清單上最困難的項目，還是和坐在附近的同事閒聊。諸如此類，一直到一天將盡之時，你還是必須在早點上床睡覺，或熬夜看電影之間做選擇。天人交戰永無止境。

從出生到死亡，我們對於延遲滿足的態度，以有趣的方式漸漸改變。在我看來，我們的成年人生中，只有兩個時期不會覺得即刻滿足很有罪惡感。第一個時期是剛成年的時候，在那個時候，你感覺不到時光的流逝。你不覺得你需要存錢、注意你的健康，或是投入某個職業領域。你可以揮霍你的時間和資源，因為你還有時間可以彌補損失。你可以「晚一點」再來想付代價的事（不論你的「晚一點」代表什麼意思）。

第二個時期是人生的晚年，此時「現在的你」和「未來的你」之間已經相隔不遠。到了某個年紀，你已經成為你一直想成為的那個人，若是你沒有實現願望，那麼你會退而求其次，接受此時此刻的自己。這是獲利了結的時候，於是，你去參加昂貴的旅遊團，你去當志工，你一次吃完一桶冰淇淋也不會有罪惡感。

在這兩個時期之間，你會一直受到延遲滿足的考驗。這就是為什麼，你延遲滿足的能力，會決定你能否活出無悔人生，這個能力或許比你的智商更有預測力。

到頭來，讓你願意付出代價最有說服力的理由是，當你為某個東西做出犧牲後，你一定會更珍惜那個東西。為你的人生增添價值，是一個值得奮鬥的目標。此外，不論你的努力是否帶來回報，付出代價會給人一種安心的感受。只要你已經盡了全力，沒有達成目標也不會讓你覺得丟臉。

你也不會覺得懊悔。當你不付代價，就要付出懊悔這個代價。

別急著吃棉花糖

儘管如此，在我們的一生當中，有時候還是可以理直氣壯地覺得，自己已經付了足夠的代價。我們應該放鬆一下（不論多麼短暫），不需要再那麼用力地鞭策自己，香甜可口的棉花糖正在召喚我們。

一九六〇年代晚期，史丹佛大學心理學家沃爾特．米歇爾（Walter Mischel）以賓恩幼兒園（Bing Nursery School）的孩子為對象，進行了著名的「棉花糖研究」。在那個研究裡，研究人員拿了一顆棉花糖給孩子們看，告訴他們，他們可以選擇在任何時候吃棉花糖。如果他們自己一個人等待二十分鐘的時間，不吃眼前那顆棉花糖，他們最後可以得到兩顆棉花糖（研究人員讓孩子選擇他們想要的獎勵，包括餅乾、薄荷糖、迷你蝴蝶餅，以及其他的點心）。

這是活生生的「立即滿足，還是延遲滿足」的選擇。孩子獨自坐在座位上，看著桌上那顆棉花糖，桌子上還有一個呼叫鈴，他只要按下呼叫鈴，請研究人員回來，就可以吃那顆棉花糖。孩子也可以等待研究人員在二十分鐘之後回來，如果那個時候桌上的棉花糖沒有被吃掉，他就可以得到兩顆棉花糖。

米歇爾寫道：看到那些孩子努力克制自己不要去按鈴，真的會讓你感動到眼眶泛淚，想為他們展現的創意鼓掌，為他們加油，也會使你對人類的潛力產生新的盼望，因為連年幼的孩子都能抗拒誘惑，為了延遲的獎勵堅持忍耐。

多年後，米歇爾對那些孩子進行追蹤研究，並得到結論。願意為了兩顆棉花糖而等待的孩子，他們的SAT學測分數比較高，學業成就比較優異，身體質量指數（BMI）比較低。米歇爾根據這些研究結果，在一九九四年出版了《棉花糖實驗》（The Marshmallow Test）一書，使這個實驗成為一個罕見的例子：人類行為的實驗室研究，後來成為一個文化現象（

例如，印有「別吃棉花糖」的T恤）21。

延遲滿足的廣義定義是：現在抗拒那些較小、令人喜愛的獎勵，以便在未來得到更大、更有意義的獎勵。許多心理學文獻把延遲滿足奉若神明，把它與所有的「成就」連結在一起。於是社會上充斥著要人犧牲當下的享受，以便得到長遠成果的說法。

無數顆過期的棉花糖

但我們可以從另一個角度來看棉花糖實驗。雖然這個研究的間接結論（延遲滿足是好的）難以忽視，但我們想像一下，假如這個研究在給出第二顆棉花糖之後，還繼續進行下去。孩子等了二十分鐘之後，得到了第二顆棉花糖，但大人這時告訴他，「如果你再多等一下，就會得到第三顆棉花糖！」然後是第四顆、第五顆、第一百顆棉花糖。

按照這個邏輯，延遲滿足的終極高手，是一位臨終老人，他的四周堆滿了無數顆過期的棉花糖。我可以肯定地說，當我們來到人生的終點時，沒有人想和那個老人一樣。

我經常用這個棉花糖的比喻告誡我的教練客戶。他們的意志力和延遲滿足的能耐，就和他們的事業成就一樣令人敬佩。我的客戶涵蓋了許多全世界最成功的領導人，他們通常有傲人的教育背景。有時候，他們太過忙於為了將來而犧牲，以致於忘了趁著現在享受人生。

我把我給他們的建議，也送給你：你要知道，有些時候是該吃棉花糖的時候。當你遇到那種時候，就吃棉花糖吧！今天就這麼做（重溫即刻滿足的快感）。不要等到年老、死之將至的時候，才驚醒過來。

商業作家約翰・伯恩（John Byrne）（我自己爆料：他的婚禮是我主持的），與傑克・威爾許（Jack Welch）合著威爾許的自傳《Jack》，於二〇〇一年出版。他告訴我一個關於威爾許的故事。一九九五年，五十九歲的威爾許心臟病發，接受冠狀動脈繞道手術治療。這個手術把威爾許嚇到了，於是開始重新思考人生中的大小事。他領悟到了什麼？不要再喝便宜的紅酒！在那個時候，威爾許擔任奇異公司（GE）執行長已經十四年。他很有錢，但如果從他在家裡喝的便宜紅酒來判斷，你不會知道他是個有錢人。自從威爾許意識到人生苦短之後，他就把家裡的酒窖塞滿了最珍稀的波爾多紅酒。如果你到他家吃晚飯，他一定會用上好的紅酒招待你。基本上，你喝的是一個幸運的人的棉花糖。

21. 後來的研究根據常識，質疑最初研究的可靠性。接受實驗的孩子家境富裕，父母是受過高等教育的史丹佛大學教職員。比起家境貧困、父母教育程度低的孩子，在這種環境中長大的孩子，他們得到的延遲滿足獎勵通常比較大。這些孩子也比較願意相信，權威人物（研究人員）會兌現承諾。

如果你想為自己開創精彩的人生，就要接受一個事實：你需要做出短期的犧牲，才能得到長期的成就。但延遲滿足不要做得太過頭，你偶爾也需要停下來，享受這趟旅程。**人生是一個永不停止的棉花糖實驗，但累積最多棉花糖的人並不會得到獎牌，反而會囤積一大堆懊悔。**

沃爾特．米歇爾在書的最後，說了一個兩兄弟的對比故事。哥哥是個嚴肅而且有錢的投資銀行家，婚姻穩定，孩子已經長大成人，也有不錯的發展；弟弟是個作家，住在格林威治村，他出版了五本沒沒無聞的小說。「儘管如此，他說自己很享受人生，把時間用來寫作，晚上享受單身漢的玩樂生活，交往的對象一個換過一個。」作家弟弟參照棉花糖實驗，猜測自己那個認真拘謹的銀行家哥哥有辦法為了更多的棉花糖，一輩子忍耐。他自己則和哥哥形成強烈對比，他認為即刻滿足的生活方式，也是一種選擇。

令人意外的是，米歇爾用兩兄弟的對比，來祝福作家弟弟的人生。他指出，弟弟一定發展出強大的自制力，不僅撐過大學的創意寫作課，後來還出版了五本小說。米歇爾還為弟弟不受約束的男女關係辯解，他指出，弟弟可能需要同樣的自制力，「才能維持充滿樂趣的異性關係，同時保有自由之身」。

換句話說，發明棉花糖的人，也希望我們有時候要吃一些棉花糖。

練習

把延遲滿足中的延遲拿掉

這個練習可以幫助我們，對於人生中的延遲滿足所扮演的角色，有更清楚的覺察。

請你這樣做

用一整天的時間，透過「延遲滿足」（不吃棉花糖），還是「即刻滿足」（吃棉花糖）的二選一問題，來檢視你面對的每個難題。面對任何一個二選一決定時，暫停七秒鐘（每個人都能做到的短暫延遲），然後問你自己，在這一刻，我能夠為了將來更大的獎賞而延遲滿足嗎？抑或是，我想選輕鬆的路，享受即刻滿足？這個問句用另一種方式表達就是：在這個情況下，我要付出代價，還是享受成果？

如果你發現，這個練習讓你對延遲滿足的獎賞，以及迎接挑戰的能力，變得更加警覺（至少你不會不假思索地向即刻滿足投降），那麼就試著盡可能地延遲滿足。這不容易做到，你需要經常自我監督，因為我們每天都會面對各式各樣的誘惑。但就和節食或健身習慣一樣，如果你能撐過頭四、五天而不放棄，你就有比較高的機率，讓延遲滿足成為你的預設反應，而不是久久才見到一次。如果你能辦到，你就準備好要進行下面的進階練習了。

現在請你這樣做

我們每個人都會為自己的目標，在心中排出優先順序。有些目標排在很前面，有些排在很後面。有些目標很難達成，有些很簡單。根據我的經驗，我發現困難目標的優先順序通常比較高，簡單目標的優先順序通常比較低。一般的常理認為，我們每天應該先解決簡單、優先順序低的目標，因為用小小的勝利展開一天，會讓人心情愉快。由於我們都是凡人，天生喜歡簡單輕鬆的事，因此我們會遵從這個常理，同時把優先順序高的目標留到晚一點再處理。

請你挑一天違反這個常理，先處理優先順序高的目標。

就和任何一個違反常識的建議一樣，這個一次性的嘗試（只做一天）對大多數人來說，可能很困難，因為優先順序高的目標通常難度也比較高。舉例來說，我會試著在收到所有的請求、邀請、建議、正評或負評（不論是實體的還是電子的）之後，在兩天之內給予回覆。我不喜歡忽略人們花時間寫給我的東西，他們應當得到回應。這個工作不是特別緊急，通常也不是很重要，我也不是特別喜歡每隔一天就要花三個小時，回覆電郵給我沒有見過的人。不過和寫書相比，回信一點也不困難。

因此，當我覺得我需要在晚上繼續工作，而不是休息時，我會去回信，而不是轉向我認為優先順序高的目標（像是寫書兩個小時）。在我的優先順序裡，回信是優先順序中等的輕鬆目標；寫書是優先順序高的重量級目標。說實話，在我上床睡覺之前選擇做輕鬆的事，並沒有讓我體驗或贏得任何的延遲滿足，因為回信的滿足遠遠比不上完成一個章節的滿足。（如果我沒有感到滿足，就沒有所謂的延遲滿足。）因此，我到底付出了多少代價呢？

寫書如果真的像我宣稱的那麼重要，我就會以更高的自制力，採用許多成功作家的策略。他們每天早上做的第一件事，就是寫作，因為在那個時候，他們經過了一夜的休息，也還沒有任何事情使他們分心。不論他們的目標是連續五個小時坐在書桌前，或是寫出一定的字數，如果他們按照計畫執行，就會感到極度的滿足，因為他們用最大的成就展開了每一天。他們所做的第一件事，就是贏得目標，其餘的都是額外的收穫。

這是個非常吸引人的好處，但大多數人（包括我）卻不這麼做，實在是令人吃驚。這些作家透過日復一日的規律，每天早上第一件事就是坐在書桌前寫作，藉此把延遲滿足中的延遲拿掉了。他們拿到了他們的棉花糖，並一口吃下去（就在他們的一天結束的時候）。

14 可信度必須分兩次贏得

活出無悔人生的目的何在？

我很欣賞的一個答案來自彼得．杜拉克，他說：「我們此生的使命是創造正向改變，而不是證明我們有多聰明，或者我們一定是對的。」

我們可以自己定義要如何創造正向改變。有些人以偉大的犧牲和抱負來實踐：醫生拯救性命，行動主義者糾正錯誤，慈善家重塑社會；有些人以謙卑微小的行動來實踐：我們專程去安慰陷入痛苦之中的朋友，擔任孩子的球隊教練，撮合兩個人成為情侶，成為孩子真正需要的父母。在這兩種極端之間，有各式各樣的平凡善行，可以結出體貼和仁慈的善果。

我請成功人士描述，他們從追求無悔人生得到什麼樣的滿足，在他們的答案中，有一個遙遙領先的第一名，那就是各種版本的「幫助別人」。對我來說，這些答案是對彼得・杜拉克對人性光明面犀利洞察的再次確認（如果還需要確認的話）。他說：「我們此生的使命是創造正向改變。」

這句話並不是敦促我們要去做對的事，他只是描述了一個已經存在的事實，一個我們已經知道的關於自己的事。當我們服務他人時，就淋漓盡致地贏得了我們的人生[22]。

若要了解你想在人生中做出哪一種正向的影響，你需要先認識兩種非常個人化的特質：第一個是可信度；第二個是同理心。你需要這兩者，才能創造正向改變。在本章，我們要

22. 次要的答案當中，有些即使傾向於「以我為中心」，也帶有創造正向改變的色彩，像是「讓家人衣食無憂」、「把孩子養育成對社會有益的健康公民」，尤其是和「創立事業」，或「賺足夠的錢讓我在五十歲退休」相較之下。不過，如果你深入挖掘，去了解讓每個人感到滿足的根源，我猜你會發現，那些答案通常也含有創造正向改變的成分。以我的客戶哈利・克雷默（Harry Kraemer）為例，二〇〇五年，他從芝加哥的百特醫療產品公司（Baxter Pharmaceuticals）執行長的位置退休，當時他五十歲。他不需要，也不想要再擔任其他公司的執行長，結果，他後來成為西北大學凱洛商學院（Kellogg School of Business）人氣最高的教授之一，影響了數百名學生的人生。對他而言，這和他的前一份工作對社會的貢獻相去不遠，百特製造的藥品也拯救了許多性命。

探索可信度的重要性。

可信度是當別人信任你，並相信你所說的話，同時經過時間的考驗之後，你所贏得的聲譽。

贏得可信度涉及兩個步驟。第一步是，在別人重視的領域證明你有能力，然後持續展現你的能力。你透過這種方式來取得別人的信任。他們知道，你說到做到。第二步是，讓別人肯定和認可你的這項能力。你需要他人的信任和肯定，才能有效地讓別人相信你的可信度。例如，假如你是一位銷售員，每個月的業績都達標，其他人遲早會注意到你。當你持續一、兩年每個月都達標，你就會取得可信度。持續而且穩定的能力，會創造可信度。可信度會創造影響力。它是一種贏得的威信，幫助我們說服其他人去做對的事，進而提升我們創造正向改變的能力。

從能力到創造正向改變的路徑，其實相當直接。以善意為前提，能力，再加上人們對能力的肯定，會產生可信度；可信度會產生影響力；影響力會導致正向改變的發生。我的英雄級導師保羅・赫賽、法蘭西斯・賀賽蘋，以及彼得・杜拉克是代表人物。

在我認識他們以前，他們的成就早已是眾人欽佩（也就是肯定）的典範。他們的強大能力對我產生的深遠影響，以及我渴望和他們沾上邊，是毫無疑問的事。但那只是開端。他們對我的生命造成的正向改變如此大，我很快就意識到，我想和他們一樣，尤其是他們為自己贏得的那種可信度。如果能讓其他人（你的孩子、學生、同事、追隨者、讀者），也想贏得你所贏得的那種人生，我想不出有任何一種認可，可以比這個更深刻、更令人滿足。

成就和快樂是兩件事

我在二十五年前就立定志向，以這個為目標。當時我已經知道，可信度對於高階教練的成功至關重要；如果我要把客戶群縮小到最高主管這個小圈子，更是如此。對高階主管來說，他們需要知道的，不只是你有能力，他們還要知道，他們尊敬的人也肯定你的能力。那是我第一次意識到，**可信度必須分兩次贏得：第一次是當我擁有高水準的能力；而第二次，我要等待別人注意到我的能力越來越強，並給我足夠的肯定，使我在他們心目中有可信度。**

多年後，在二〇二〇年的一次LPR視訊會議中，薩菲．巴考（Safi Bahcall）給了我一個啟示，完美道出我在贏得可信度時所面臨的挑戰。薩菲是一位博學多聞的物理學家和創業家，著有《高勝率創新》（Loonshots）一書。在每週的LPR視訊會議中，他一直難以在「得到快樂」那一題，精確地給自己打分數，直到有一次，他意識到自己為何難以衡量快樂。他把成就和快樂視為同一件事，也就是說，他認為達成目標應該讓他感到快樂；相反的，快樂應該提升他達成目標的能力。

但事實上，在通往擁有美好人生與創造正向改變的路上，這兩者是獨立的因素。它們可能相關，但不必然相關。獲得快樂是一回事，與贏得任何成就無關。我們從經驗知道，當我們快樂時，不一定能達成目標；相反的，擁有成就不一定能帶給我們快樂。畢竟，有許多高成就者過著悲慘或抑鬱的生活。

如同成就和快樂是各自獨立的變因，當我贏得能力之後，不保證別人會肯定我的能力。能力和別人對我的能力的肯定，是兩個獨立的變因，我必須把兩者連結，讓別人看見。身為教練，我如果要提高可信度，就必須打開知名度。這樣的肯定不會從天上掉下來，我必須離開「把工作做好」的舒適圈，為這個定義加入一個新的重要任務，那就是擁有知名度。

我的傑出成果不再是「不言自明」的事。那種狂妄自大的心態在五十年前那個比較單純的時代，或許管用，但在所謂的「注意力經濟」時代，要受到關注是一場肉搏戰。光有好的表現還不夠，你只做了一半的工，卻宣告勝利。你必須說一個不言自明的好故事，同時還要推銷你說故事的能力。要在這個快速變化的環境中成功，自我推銷的尷尬是你必須付出的新代價，不論你希望別人注意到你工作上的成就，還是想讓你的新創公司受到關注。

如果你能合理地主張，接受這個自我推銷的尷尬工作，有助於實現你的渴望（也就是創造正向改變），那你就不會那麼為難。這是我現在的教練工作中很顯然的一部分，但在一開始，我必須先過我自己這一關。我用四個問題進行蘇格拉底式的對話：

1. 如果有更多人肯定我是高階教練的專家，我能在這個世界創造更多正向改變嗎？
2. 努力爭取別人的肯定，會讓我感到不自在嗎？
3. 這種不自在是否會讓我覺得不好意思，並因此限制我創造正向改變的能力？
4. 哪個對我比較重要：一時的不自在，還是創造正向改變？

當我能說服自己，某個不自在的任務可以帶來更大的利益，我的不自在瞬間就變成了我樂意付出的代價。

無法光靠努力而已

說到尋求他人肯定的不自在，我必須坦白承認一件事。這本書寫到現在，我一直努力避免把無悔人生描繪成一種，只透過計算選擇、風險和努力，就能得到的結果。這當然是無悔人生的一部分，但更重要的是，我們的奮鬥必須實現更高層次的渴望。

我現在承認，我犯了嚴重的疏漏罪。我沒有提到，即使我們的選擇無可指責，我們的努力完美無瑕而且徹底，也無法光靠努力，就能得到我們想要的東西。我忘了提到，這個世界有可能是不公平的。如果這個世界是公平的，就不會有人覺得被忽略、被不當對待，或是受到傷害。似乎只要我們做個好人、有崇高的動機、致力於創造正向改變，我們就能得到我們想要的東西。

活到這個歲數，我們知道，我們遇到的人和環境不會永遠都合我們的意。如果你曾經做了很棒的事，卻沒有人注意到你，別人甚至還懲罰你，你就知道這是事實。很多時候，這不是你的錯。你的時機不對，你的成果被別人佔為己有，你的意見被別人以更大的聲量蓋過去了。

奇怪的是，我們可以在別人身上清楚看出這個問題，但是當我們遇到時，卻不接受這個現實。如果朋友有個新的零售產品今天上市，我們會假定，她已經制定了完整的行銷計畫，吸引眾人的目光，包括推出廣告、精心規劃社交媒體行銷活動、贈送免費的樣品，藉此得到正評、付費上貨架，以及透過記者會和訪問，得到免費的媒體宣傳。這一切都是為了得到肯定和認可，以提高她的品牌可信度。對零售產品而言，少了任何一樣，簡直就是亂來。

然而，我們卻不會把這個看法，自動轉移到我們的工作或是其他領域。我們可能會覺得，爭取別人的注意是不得體且自戀的行為。我們的傑出工作成果應該不言自明，我們不該為自己宣傳。我聽過各種藉口，而我只有一個回應：比賽的時候，你不會上半場比賽全力以赴，下半場卻敷衍了事，不是嗎？既然如此，那麼當你辛苦的成果、你的事業、你的無悔人生的命運懸而未決的時候，你為何這樣做？

這是為什麼我們必須接受可信度的觀念。這個個人特點對於創造正向改變，以及活出無悔人生非常重要。所幸，我知道該怎麼做。

賣出你的成就與能力

除了提出創造正向改變的洞察之外，彼得．杜拉克還有五個原則，可以用來贏得可信度。乍看之下，你可能會覺得這些原則不證自明，甚至是陳腔濫調，但有許多比我更聰明的人，一開始也有這種反應，現在卻經常引述這些原則給我聽。如果你想要提升你的可信度，先把這些杜拉克原則背起來：

1. 世上的每個決定，是由有權做這個決定的人決定的。接受這個事實。
2. 如果我們需要影響某人，以便創造正向改變，那個人就是我們的顧客，而我們是銷售員。

3.我們的顧客不需要買；但我們需要賣。

4.當我們是賣方的時候，我們對於價值的定義，其重要性遠遠比不上我們的顧客對價值的定義。

5.我們應該聚焦於我們能實質創造正向改變的領域。賣我們能賣的，改變我們能改變的，放下我們賣不了或改變不了的。

上述每一個原則都假設，獲得肯定和認可是一個交易。請留意，「賣」和「顧客」經常被提及。言下之意是，我們必須把我們的成就和能力賣出去，以便得到他人的肯定和認可。這些杜拉克原則不僅支持我們對認可的需求，同時還強調，事關我們的可信度時，被動的後果是我們承擔不起的。

不過，尋求認可有對的方法和錯的方法。我們從小時候開始，就會努力取悅父母，從此以後，我們這一生就不斷向能夠影響我們未來的人，尋求認可；開始上學之後，我們繼續尋求老師的認可；接下來，當老闆和顧客握有生殺大權時，我們更努力地尋求他們的認可（請參考杜拉克原則一）。爬得越高，我們就越善於證明自己的能力。到最後，它成了我們的第二天性，我們會不自覺地這麼做。然後，我們會開始犯錯，損害自己的可信度，而不是提升自己的可信度。左方模型可以幫助你知道，什麼時候向別人證明自己是值得的；什麼時候向別人證明自己是在浪費時間，或是弊大於利。

縱軸衡量可信度的一個面向：我們想要證明自己的努力程度；橫軸衡量可信度的另一個面向：創造正向改變。這個模型說明了這兩個面向之間的關聯。我們問自己兩個問題：一、我是否正在努力證明我自己？二、證明我自己可以幫助我創造正向改變嗎？這個模型的運用視情況而定。我們的答案有時是「高」，有時是「低」，當我們在兩個面向同時都是「高」或都是「低」時，就代表我們做對了。

接下來讓我們檢視，每個象限涉及的風險，以及它如何決定我們的行為。

可信度模型

■贏得可信度

右上方是對我們最有益的象限，它代表你積極尋求他人的肯定，而這個肯定會在你的人生和其他人的人生中，創造正向改變。積極尋找你知道你能做得比別人更好的工作，是個很好的例子。幾年前，我的一位教練客戶聽到傳聞說，公司的執行長空缺不會考慮他，而是要給一個空降者，我的客戶非常了解那位空降者，並認為他是個虛有其表的騙子。我的客戶雖然失望，但他更擔心的是，公司如果交在這個偽君子的手裡，未來堪憂。

「這個消息公佈了嗎？」我問。還沒有。

「你認為自己比那個人更合適嗎？」是的。

「那麼它就只是個傳聞，」我說。「它代表你可以開始爭取執行長的位子了。」

於是他寫了一份二十八頁的計畫書，詳述他對公司的規劃，然後送給董事會主席（並告知他的老闆），請求召開會議，給他說明的機會。在會議上，董事會主席告訴他，他確實被跳過，因為他們不認為他有領導公司的「雄心壯志」。他撰寫計畫書，並直接向主席（有權力決定下一任執行長的決策者）自我推銷的進取心，改變了主席的看法。最後他如願以償，成為了公司的執行長。

你要設法進入這個象限，當你的能力無庸置疑，而自我推銷的結果可以創造全面性的正向改變時，你就該毫無畏懼地這麼做，否則你一定會後悔。

■放下

這是「不值得做」象限，你努力證明自己並不會創造正向改變，而且你也不覺得你需要別人的肯定。與一個政治立場和你完全相反，而且不願意被你改變的人爭論政治觀點，就是這樣的例子。與其白費力氣說服「對手」，不如問你自己：「這值得嗎？」答案一定是「不值得」，所以你要把它放下。

我發現，我一天會進入這個象限好幾次。例如，有人問我對某個議題的看法，但我對那個議題所知不多，這些議題從企業策略、總體經濟學，到烹飪都有。我從痛苦的教訓學到，我如果對我不了解的事情提供意見，若對方認真接受我的意見，有可能會造成弊大於利的結果。這無法創造正向改變。現在，我都用一句標準答案來回應：「我不是這方面的專家」，在尊重對方，又保護所有人的情況下，結束對話。

雖然上述兩個情況都是負面的例子，但這個象限也是對我們有益的位置。負負得正。當你沒有努力證明自己，或是你努力證明自己也不會創造正向改變，你唯一該有的反應就是放下，否則你只是在浪費時間。

■自我推銷不足

這是「我不應該……」象限，爭取他人的認可能夠提升你的可信度，並創造正向改變，但你沒有意願要證明自己。有時候是因為你過度自信，認為你的能力不言自明，你的名聲會自動為你做宣傳，於是你在應該全力以赴的時候，卻有所保留。

有時候是因為你缺乏自信，你對自己的能力有所懷疑，或是覺得自己是個空殼子（你覺得，別人認為你擁有的能力其實不是實至名歸，別人對你的肯定不是你應得的）。你沒有展現你該有的自信。

■自我推銷過度

這是「充耳不聞」象限，創造正向改變的機率近乎於零，但你想贏得認可的需求高到破表，這時你就犯了自我推銷過度的錯誤。你想在沒有人下場的比賽中，贏得比賽。

這個狀況的問題也出在自信太高或太低。我們自信不足時，會用過度的自我推銷來彌補。這是董事會成員遇到經驗不足的人做簡報時，最常有的反饋。這種人通常講太多、解釋太多。過度自信的人也是一樣，他們講太多、解釋太多，過於努力證明自己。不論原因是什麼，過度自我推銷很少能創造正向改變，或是提升我們的可信度。

當你過度自我推銷，你就違反了杜拉克的所有原則。你並不是努力創造正向改變，因為在這個情況中，這個選項並不存在。你推銷的是你重視的東西，而不是顧客重視的東西；更糟的是，你不知道顧客重視的是什麼；最糟的是，你推銷的對象不是決策者，這是最徒勞無功的部分。結果是，你不但沒有改善情況，也沒有保持在原位，而是倒退了一、兩步。

在過去，只要我不把杜拉克的原則放在心上，這是我最容易落入的象限。最嚴重的例子發生在一九九〇年代，當時我剛結束國際紅十字會在非洲的家庭救援計畫，回到美國。我的經歷被刊登在當地報紙《拉霍亞之光》（La Jolla Light）的頭版。加州大學聖地牙哥分校的政治學教授山姆．波普金（Sam Popkin）為我舉辦派對，他舉杯盛讚我人道救援的舉動。

那個場合是盡量減少自我推銷的時刻，因為山姆已經提供了所有我應得的可信度。然而，我依然在派對上，向一小群人過度推銷我在非洲所做的事。我樂不可支，只想到自己，像個過度熱心的「銷售員」，雖然那些聽眾顯然不是我的「顧客」。那群人逐漸散去，只剩下一位年長的男士。最後，我對他說：「不好意思，請問尊姓大名？」他伸手與我握手，並說：「我是約拿．沙克（Jonas Salk），很高興認識你。」

面對小兒痲痺疫苗的發明者，我不必問他：「請問你在哪裡高就？」他的姓名等於他的可信度，他的可信度等於他的姓名。

這四個象限可以告訴你，什麼時候應該尋求認可（也就是推銷你自己），而什麼時候是不恰當的時機。我們可以在每個象限看見杜拉克原則。「自我推銷過度」是浪費時間，你想證明你很聰明，或你是對的，而非試著創造正向改變；改變你能改變的，放下你改變不了的是「放下」；更看重你的需求，而不是顧客的需求是「自我推銷不足」。

在最理想的「贏得可信度」象限，你可以發現杜拉克的每一個原則：你不但努力創造正向改變，同時接納自己的銷售員角色；你重視顧客的需求更甚於你的需求；你也接受一個事實：顧客有權力做決定，即使事情的發展不如你所願，你也不會質疑這個事實。你不會試圖改變你改變不了的事。

可信度模型解決了我長年聚焦的議題：你有能力是一回事，你的能力得到別人的肯定，是另一回事。只得到其中一方面的可信度是不夠的，你必須分兩次贏得可信度。否則，你創造正向改變的能力將會大打折扣，你的人生所造成的影響力，也會降低。

練習

你的真相大揭祕是什麼？

或許你遇過這種情況。你參加家族裡的婚禮，賓客包含一些表親。其中有些人你很熟，但大部分的人你不太熟。在婚宴上，你看到平常很安靜的表哥艾德半推半就地進入舞池，結果你發現，他的舞技簡直是佛雷．亞斯坦（Fred Astaire）和大賈斯汀（Justin Timberlake）的綜合體。你很驚訝，艾德竟然這麼會跳舞。他怎麼藏得這麼好？

來到婚宴的祝酒時刻，這個情況再次發生。伴娘艾瑞卡是個一板一眼的人，你從小就認識她，她正在攻讀化學博士學位。結果她站起來向新郎新娘祝酒，發表十分鐘的致詞，內容風趣又感人，讓全場的人眼睛為之一亮，也炒熱了婚宴的氣氛。當你為她鼓掌時，你和同桌的人交換眼神，心裡想的是同一件事：誰想得到艾瑞卡也可以這麼風趣？

這些是喜劇和驚悚電影的標準橋段。在這種真相大揭祕時刻，我們發現，以前一直覺得不起眼的人，居然擁有我們從來沒想過的能力。

女演員瑪麗莎．托梅（Marisa Tomei）在電影《智勇急轉彎》（My Cousin Vinny）中，扮演低調聰明又有能力的莫妮卡．維多（Monica Vito），是個非常懂車的角色。這些場景是我們百看不厭的橋段，因為它揭露的真相讓人大呼過癮。看到片中角色的傑出能力被揭露，我們會很開心，或許也會羨慕他們的特殊才能終於為人所知。我猜，許多人也有相同的感覺：我們渴望自己的獨特之處能被別人看見。

但首先，我們必須界定，我們擁有哪些不為人所知的特殊能力和個人特質。

請你這樣做

有哪些關於你的事情，是當別人知道之後會大吃一驚，並心想「誰想得到呢？」或許你收藏了許多「藝術與工藝運動」時期（Arts and Crafts）的陶藝品，或許你每週日到慈善廚房當義工，或許你的詩作被發表在文藝期刊上，或許你會編寫密碼，或許你曾贏得全國游泳錦標賽同齡組的冠軍。又或許，你像艾德和艾瑞卡一樣，你很會跳舞，或是能在婚宴上致詞，就像專業脫口秀演員一樣流暢，而你只需要一個婚禮讓你揭露真相。

我想說的重點是，你的「誰想得到呢？」特點一旦公開，會讓那些自以為認識你的人大開眼界，並開始猜想，原來你擁有一些深藏不露的熱忱、執著和才藝。他們發現，你擁有的能力比他們所想的更多，這會提升你在他們眼中的可信度。這是最理想的結果：你贏得了可信度。

現在把這個練習延伸到職場。能夠提高你在同儕和老闆心目中的可信度、你的真相大揭祕、你的「誰想得到呢？」特點是什麼？當所有的人知道之後，它會對你的人生產生哪些正向改變？你為什麼一直把它藏起來？

15 獨特同理心

同理心是另一個非常個人化的特質，它會影響我們發揮正向影響的能力。

同理心是體驗別人的感受或想法。一八七三年，一位德國哲學家從 Einfuhlung 這個字創造出這個名詞，意指「情感移入」，那也是我們現在的看法：我們感覺自己進入了他人的情緒和處境。

活出無悔人生的一個重要特質，是建立正向關係（也就是ＬＰＲ裡的「我是否盡了全力維持與他人的關係？」）。我想所有人都承認，同理心是建立關係最重要的變因之一。就和大多數重要的事物一樣，它必須靠學習得到。**可信度幫助我們影響他人，同理心幫助我們建立正向關係，兩者有相同的目的：創造正向改變。**

我們通常認為有同理心是好事。敏銳覺察他人所受的痛苦，並表達關心，怎麼會有錯呢？但同理心不只是對另一個人的痛苦感同身受，它其實更複雜。同理心是一種高度可調適的反應，會隨著情況而改變。有時候，我們用頭腦感覺同理心；有時候，我們發自內心表達同理心；有時候，它可能讓我們的身體喪失力量，使我們覺得無能為力；有時候，我們透過做事的衝動來展現同理心。我們的同理心會因情況不同，而改變樣貌。

我最喜愛的是「了解的同理心」（empathy of understanding）（因為它對教練最有用）——我們用感同身受的方式，去了解別人為什麼，以及如何產生某個想法和感受。有人把它稱作「認知同理心」，意味我們有能力擁有和別人相同的思維，了解他人的動機，並且能預測他們對某個決定會如何反應。

基於認知同理心，夫妻和長期伴侶能夠知道另一半的心思，能夠幫對方把一句話說完。它是傑出的銷售員能夠滿足顧客需求的祕訣，也是為什麼優秀銷售員最自豪的，就是能夠對別人說出「我了解我的顧客」。

它是一種深刻的了解，讓成功的廣告商透過市場調查和產品測試，想出有效的廣告詞，讓我們在不自覺的情況下想買他們廣告的產品。這種操弄如果用得太過火，會造成「了解的同理心」的負面影響。邪惡的政客因為了解民眾的偏見和不滿，鼓動人們製造社會上的動盪和革命。它也提醒我們，長久以來，人類一直低估了各種形式的同理心的力量。

「來了又走」策略

我們也擁有「情感的同理心」（empathy of feeling）——經歷他人的情緒狀態。當我們在內心複製他人的感覺，就是在展現這種同理心，我們會跟對方說類似「我能體會你的痛苦」，或「我真為你高興」的話。它是一種威力強大的內在力量。研究人員針對人類對情緒性事件的反應進行了腦神經研究，研究結果顯示，美國的狂熱運動粉絲在看到他們支持的球隊得分時，可以經歷和那名得分運動員相同的喜悅。

也是基於這個原因，當我們在看電影時，即使我們知道劇中人物只是在演戲，我們還是會跟著他們一起哭、一起笑；當劇中人物感到興奮或害怕時，我們也會感到興奮或害怕。這就是為什麼，我們會從醫生的「病床畔禮儀」（bedside manner）得到安慰。當醫生說出我們的感受時，我們會覺得，自己並不是獨自一個人感到害怕或受苦。父母對這種同理心的感受可能最強烈，但結果不一定是正面的。我的鄰居吉姆有五個小孩，有一次我問他，為什麼我每次見到他的時候，他似乎總是心情低落，他說：「身為一個父親，只要有一個孩子心情不好，我的心情也好不了。」

這就是情感的同理心帶來的風險，我們的情緒有可能太投入，以致於沉浸在別人的痛苦裡，並因此受到傷害，而不是幫助自己和我們關心的對象。法國同理心專家奧坦絲．勒珍提（Hortense le Gentil）說，我們能用一個以善意為出發點的「來了又走」策略，來降低這個風險。「盡量對別人的感覺感同身受，」她說，「但不要待在那個狀態太久。進去一下子，然後就出來。」

當我們關心別人對某個事件的反應，會產生一種更微妙的同理心。這種「關心的同理心」（empathy of caring）與「情感的同理心」有一個很大的不同：它是被「關切別人對事件的反應」激發的，而不是被事件本身激發的。舉例來說，你的女兒參加了學校的足球隊，一位球員的家長可能會在球隊進球時感到歡欣，不論把球踢進球門的人是不是他女兒（進球是一個令人開心的事件），而你可能只有在看到你的女兒因為進球而開心時，才感到喜悅（不是事件本身，而是你女兒對那個事件的反應）。

當你發揮關心的同理心，你是因為對方的開心或難過而感到開心或難過，不是因為那個場合是開心或難過的場合。家庭裡發生的事，經常引發關心的同理心。假如我們參加聚餐時，覺得很愉快，但聚餐結束時，我們的配偶因為聚餐中間發生的某件事而心情不好，我們的快樂往往立刻被配偶的負面情緒蓋過。我們會很自然地同理配偶的痛苦，因為誰想要一個對我們的心情毫不關心的伴侶呢？

在直接應對顧客的產業工作的人，尤其善於啟動關心的同理心，他們關心的是顧客遇到問題後的不愉快情緒，而不是問題本身。顧客會對你的同理感到窩心，當他們看見你出於對他們的關心而著手處理問題，他們幾乎可以原諒任何錯誤。

最實際的同理舉動是「行動的同理心」（empathy of doing）——你超越了解、情感、關心，實際採取行動，對情況造成改變。它是一種更進一步的舉動，而且總是會需要你付出某種一般人不願意付出的代價。即使當我們出於同理心採取行動，我們出於善意的行動有可能會過當，而不是造成正向影響。

瓊恩是美國東岸某個富裕世家的大家長，她為她的社區做了許多令人敬佩的善行，而且絕口不提。當我對她說，我非常敬佩她出於行動的同理心所展現的好榜樣，她優雅地反駁了我。「我一不小心，就會變成問題解決者。我太關心別人，以致於會做得太多，我會幫別人解決問題，而不是讓他們自己解決問題，並從錯誤中學到教訓。我變成了他們的救火隊，結果讓他們變得更依賴我。」

我們會在各式各樣的情況下，經歷各種同理心：當我們關心社會上的弱勢族群；當我們看到別人做了我們曾經做過的選擇，而感到擔心；當我們運用對他人的了解來達成目的；當我們模仿別人的身體不便，例如，模仿別人抓癢或講話結巴；當我們完全體會別人的情緒狀態，因為我們記得自己曾經有過同樣的感受，諸如此類。我們一天當中會遇到很多產生同理心的機會，而每一次，我們都有可能以有益或無益的方式發揮同理心。當你回到家後，因為還沉浸在對同事的問題所產生的同理情緒中，而忽略了家人，這就是同理心使用不當的風險。

耶穌大學哲學系教授保羅·布倫（Paul Bloom）在二〇一九年出版的激發爭議的著作《失控的同理心》（Against Empathy），一再提出這個主張。布倫寫道：「你幾乎可以評估人類每一種能力的優點和缺點。」然後他突顯了同理心的許多優點，例如，同理心是偏袒的，我們往往會對那些「看起來像我們的人，以及外表有吸引力、沒有威脅性和有親切感的人」產生同理心。布倫表明，他不是反對同情、關懷、善意、愛與道德，他完全支持這些定義同理心的特點。他反對的是，不是出於理性與受過訓練的思考方式所產生的同理心，它反映的是人類的短視和被情緒綁架的反應。

我傾向於支持布倫教授的觀點。如果同理心是「穿別人的鞋走一哩路」的能力，我們可以合理地問，「為什麼只走一哩？為什麼不走兩哩？為什麼不走一輩子？」這是我對同理心的一個吹毛求疵的看法。同理心雖然是浸泡在良善光環裡的一項特質，但它同樣會讓我們對自己產生負面看法。它的標準太高了。當我們看到別人受苦，卻無法生出同理心時，我們會產生罪惡感。當我們離開我們同情的對象之後，我們的同情心隨之消失。我們會覺得自己剛才的同理心是裝出來、演出來的，而不是發自內心，並因此覺得自己很虛偽。我們何時才能卸下同理心的重擔？

不過，我不想讓這種批評，模糊了我認為同理心是獲得無悔人生的必要因素的理由。我的理由不是因為同理心使我們更有同情心、更有道德感，或是更良善，雖然這些都是值得嘉許的動力。

只為此刻的同理心

從我的目的來看，同理心有一個特點很重要，它可以強化第一章提到的「每一次呼吸典範」（「每一次的呼吸，都是新的我」），提醒我們，我們是由一連串舊的自我和新的自我組成。同理心最大的效用是，它可以有效提醒我們，活在當下。

幾年前，我遇見一位知名政治人物的演講撰稿人。他自己也出版了小說和非小說類作品，但是當他為那位政治人物撰稿時，他說他為自己設定的角色是「專業同理者」。這個「專業人士」的概念讓我印象深刻。他把他帶進演講撰稿的這種同理心，視為一種獨立的能力，當他執行撰稿任務時，這種同理心會佔據他的思緒和情緒。當任務結束後，他就會立刻拋下這種同理心。

他是一個專業人士，用盡一切方法完成工作，然後放下過去，繼續向前進。前提是，他很敬佩那位政治人物，也認同他的政治立場和個人背景。他認為，用別人的思維說話是一種「最高程度的慷慨行為」。他換上這個角色，用客戶的語言和說話模式撰稿。

他說：「當我工作時，我想到的每一個點子和每一句好詞，會全部獻給客戶。我不會把任何靈感保留給我自己，所有的靈感都必須放進講稿裡。」當他寫好初稿，那位政治人物加以修改，並發表演講之後，他說：「我會完全忘記我寫過的東西，彷彿我是在催眠狀態下把講稿打字出來的，然後我會脫離那個狀態，開始寫我自己的東西。」

他所描述的，是一種最有利於我們獲得無悔人生的同理心。當他把自己鎖在客戶的腦袋裡，**執行工作時，他展現的是了解和情感的同理心。然後，他能放下所有的同理感覺。他不讓那些感覺溢出，滲入他自己的人生。那些感覺屬於舊的自己，新的自己有新的任務要完成**。換句話說，他達到了一種所有人都希望更常達到的狀態：活在當下。

百老匯演員和歌手梁厚泰（Telly Leung）完美地描述了，將同理心和活在當下區分開來的心理歷程。梁厚泰在百老匯人氣音樂劇《阿拉丁》（Aladdin）擔綱主角長達兩年。他談到，在這個非常耗費體力的表演中，他如何在連續兩年、一週八次的演出維持動機和活力，他把他的同理心分成兩種：

第一種是他對觀眾的情緒的同理心。他說：「我在八歲時第一次看音樂劇表演，立刻被音樂、歌唱、舞蹈和快樂的氣氛迷住了。我每一次都會帶著那個經驗的記憶，上場演出。當我站上百老匯舞台時，我會想著『小厚泰』，並想像有幾個八歲的孩子坐在觀眾席中，他們的心情是如何。我想讓那個孩子感受到我當年的感受，每個晚上，我告訴自己，『這場表演是為你而演的！』」

第二種是梁厚泰所謂的「真實的同理心」，那是對同台演出的演員的尊重。他透過這種同理心展現專業精神，使他在每場演出的每一刻，都保持專注和入戲。一個演員如果要在台上淋漓盡致地演出，在心理或情緒上就不能有任何一秒鐘出戲。

「在台上擔任阿拉丁的那兩個小時當中，」梁厚泰告訴我，「我必須展現許多截然不同的情緒反應，包括快樂、悲傷、戀愛、被拒絕、嚴肅、輕鬆、憤怒和逗趣。我必須和其他演員的情感連結。在台上的每一秒，我必須展現對他們的同理心。我每個晚上必須愛上茉莉公主——而我真的是這樣！表演一結束，我立刻關閉那些情感，直到下一場演出。然後我回家，重拾我自己的身份，愛上我的老公。」

梁厚泰的定義完美無瑕。他說：「真實的同理心就是，為了此刻在你身邊的人，竭盡全力成為你需要成為的那個人。」

不論用哪個詞彙，不論是「專業」，還是「真實」的同理心，上述演講撰稿人和演員向我們提出一個問題：**我們是否在同理心能夠創造正向影響的唯一時刻，也就是當它最重要的時刻，展現和體驗同理心？**

我喜歡用「獨特同理心」一詞（singular empathy），不只因為它讓我們聚焦於一個人或一個情境，也因為它提醒我們，每一個我們展現同理心力量的機會，都是獨一無二的情況。獨特同理心為當下而存在，它會隨著情況而改變。有時候，它比較像是了解的同理心，有時像情感的同理心，或是關心、行動的同理心。唯一不變的是，它把我們的注意力聚焦在某一個時刻，因此對所有相關的人來說，都是獨一無二的存在。當你展現獨特同理心，你不能不真實。你並不是不尊重你生命中過去的其他人（不論是前一秒或是很久以前的過去），你是在向現在唯一能夠領會的人展現同理心：你眼前的這個人。

如果我要把一張小卡片隨時帶在身上，帶一輩子，讓我可以在任何時刻用它來提醒自己，怎麼做才能獲得無悔人生，我會在這張卡片上寫23：

「我現在是否正在做我想成為的那個人？」

如果你此刻能給出肯定的答案，你會發現你贏得了這一刻。如果你習慣性、持續性給出肯定的答案，你就贏得了一連串的時刻，然後是好幾天、好幾個月、好幾年，最後累積成無悔人生。

23. 這個點子來自百人教練成員卡蘿·克芙曼（Carol Kauffman）。卡蘿，謝謝你。

終曲
慶祝勝利之後

如果你週末到我的朋友里歐的家作客，你會吃得很好。里歐會先問你，你想喝什麼飲料，以及你不喜歡哪一類食物，就像高檔餐廳的領班拿菜單給你，詢問你的喜好，以及是否有過敏的食物一樣。

里歐在三十歲出頭時開始下廚。當時他離開就業市場，在家照顧三個年幼的女兒，他的太太蘿冰重返職場，從事會計的工作。當了五年的家庭主夫之後，里歐加入前同事創立的私募基金公司，擔任營運長，長達三十年。他努力工作，事業有成，但從來沒有放棄家庭煮夫的角色。里歐對自己的廚藝非常低調，我從來不曾聽過他說自己是「美食家」。只有在他家吃過飯的家人和朋友，才知道廚藝是他的真相大揭密。

里歐的朋友現在把他的精湛廚藝視為理所當然，雖然我懷疑里歐是否知道這件事。如果你夠幸運，到里歐和蘿冰其中一個家小住幾天，你會看見他如何低調而殷勤地餵飽每個人。里歐不是直覺型的廚師，他無法像《鐵人料理》（Iron Chef）的參賽者一樣，能夠隨便用各種食材很快就做出一頓豐盛大餐。他的做法是，從食譜書搜尋，知道哪些料理適合他做，而且總是一字不差地照著食譜做，不允許任何自由發揮的空間。他會把他喜歡的食譜收藏在三孔活頁夾裡，以便在做菜之前參考。他會擬出每個星期的菜單，購買所需食材，然後盡量用空閒時間預先做準備。他煮的餐點一次比一次好吃，長年以來的下廚經驗，使他不斷進步。

令人驚奇的是，除了出差或外出用餐之外，里歐每天都下廚，不論是為他自己和蘿冰簡單煮的一餐，還是全家人一起吃的感恩節大餐。

廚藝不是里歐實現的「願望清單」裡的一個項目，不是他一有空就想做的事。里歐是在當家庭主夫的時期開始下廚的，他返回職場後，並沒有遠離廚房。當他忙著管理公司的四十個員工，以及全球性的投資組合時，依然沒有停止下廚。

廚師里歐不是無悔人生這個概念的比喻；廚師里歐在世俗的精彩生活中，展現了無悔人生的精髓。

他早上起床後，就以廚師的身分開始煮豐盛的早餐，然後為客人上菜。人們會感到愉悅，有時甚至是欣喜。當他看到盤底朝天，每個人露出滿意的笑容，他會覺得自己得到了認可。當他隔天早上起床時，所有的慣例會再次上演。

或許當大家吃完飯之後，里歐會和蘿冰檢討剛吃完的那一餐。他們可能會同樣覺得，「還不錯」，但這是里歐慶祝勝利的極限。他知道這種滿足會在轉瞬間消逝；他知道他有機會在下一餐，再次贏得這種滿足。

找到天命的人

就這一點而言，里歐和任何一個找到天命的人一樣，不論那天命是在職業、個人，或是愛好的層面，它讓人帶著滿滿的熱情和使命感，每天熱切地投入其中。它或許是某位醫生今天診治三十名患者，解除他們的痛苦，明天再看三十名患者；或是一個酪農每天清晨四點半起床，為乳牛擠奶（全年無休）；或是麵包師傅每天做新鮮的手工麵包，滿足街坊鄰居的胃；或是進入空巢期的母親，她的孩子已經長大離家，而她發現她會永遠掛念她的孩子，她永遠是個母親。醫生、酪農、麵包師傅，或是母親，並沒有慶祝勝利的機會，他們只有這些角色帶給他們的特權和滿足，並且在每一天竭盡所能做到最好。

我們應該都和他們一樣幸運。

在本書提供的各種勸告和練習之中，我想強調五個一再出現的主題（有時講得很明白，但有時是隱含在各章節中），這些主題貫穿全書，就像是天使，守護著無悔人生這個概念。每個主題都在我們的掌控之中（人生中我們能掌控的事物其實不多）。

第一個是使命感。如果我們有清楚表明的使命感，我們所做的每件事會更崇高，更令人興奮，也更與我們想成為的那個人連結（在這裡，「表明」是一大重點）。

第二是同在。這是一項不可能的任務：與我們生命中重要的人同在，而不是搞失蹤。雖然我們無法每次都攻上「同在」的頂峰，但它是我們應該一直努力挑戰的高山。

第三是社群。創建一個經過挑選的社群，並在這個社群的幫助之下完成某件事，可以引發更強的共鳴、影響更多的人，而且結果通常會比我們靠自己一個人完成更好，因為裡面有大家的貢獻。如果要唱歌，你喜歡獨唱，還是與合唱團一起唱？

第四是無常。從全面的觀點來看，我們在世上的時間非常短暫。佛陀說，人的一生就是「生老病死」，它提醒我們，沒有什麼能永遠存留，不論是快樂、時光，還是任何東西。一切都是無常。這個觀念並不是要使人意志消沉，而是要啟發我們，活在當下，在每一刻找到目的和意義。

第五是結果。這是一個可以揭露正面概念的負面主題，因為我的目標不是幫助你達到更好的結果，而是幫助你竭盡所能地努力達成目標。如果你盡了全力，你就不會失敗，不論結果如何。

到最後，無悔人生不包含頒獎儀式，也無法讓你繞場一周慶祝勝利。活出無悔人生的獎賞就是，縱身躍入不斷活出這種人生的過程中。

Carlson, Jasmin Thomson, Jeff Pfeffer, Jeff Slovin, Jennifer McCollum, Jennifer Paylor, Jim Citrin, Jim Downing, Jim Kim, Johannes Flecker, John Baldoni, John Dickerson, John Noseworthy, Juan Martin, Julie Carrier, Kate Clark, Kathleen Wilson- Thompson, Ken Blanchard, Kristen Koch Patel, Laine Cohen, Libba Pinchot, Linda Sharkey, Liz Smith, Liz Wiseman, Lou Carter, Lucrecia Iruela, Luke Joerger, Macarena Ybarra, Magdalena Mook, Maggie Hulce, Mahesh Thakur, Margo Georgiadis, Marguerite Mariscal, Marilyn Gist, Mark Goulston, Mark Tercek, Mark Thompson, Martin Lindstrom, Melissa Smith, Michael Canic, Michael Humphreys, Michael Bungay Stanier, Michel Kripalani, Michelle Johnston, Michelle Seitz, Mike Kaufmann, Mike Sursock, Mitali Chopra, Mojdeh Pourmahram, Molly Tschang, Morag Barrett, Naing Win Aung, Nankonde Kasonde- van den Broek, Nicole Heimann, Oleg Konovalov, Omran Matar, Pamay Bassey, Patricia Gorton, Patrick Frias, Pau Gasol, Paul Argenti, Pawel Motyl, Payal Sahni Becher, Peter Bregman, Peter Chee, Phil Quist, Philippe Grall, Pooneh Mohajer, Prakash Raman, Pranay Agrawal, Praveen Kopalle, Price Pritchett, Rafael Pastor, Raj Shah, Rita McGrath, Rita Nathwani, Rob Nail, Ruth Gotian, Safi Bahcall, Sally Helgesen, Sandy Ogg, Sanyin Siang, Sarah Hirshland, Sarah McArthur, Scott Eblin, Scott Osman, Sergey Sirotenko, Sharon Melnick, Soon Loo, Srikanth Velamakanni, Srikumar Rao, Stefanie Johnson, Steve Berglas, Steve Rodgers, Subir Chowdhury, Taavo Godtfredsen, Taeko Inoue, Tasha Eurich, Telisa Yancy, Telly Leung, Teresa Ressel, Terri Kallsen, Terry Jackson, Theresa Park, Tom Kolditz, Tony Marx, Tushar Patel, Wendy Greeson, Whitney Johnson, and Zaza Pachulia.

致謝

我想感謝百人教練社群，
幫助我形塑我對無悔人生的理解：

Adrian Gostick, Aicha Evans, Alaina Love, Alan Mulally, Alex Osterwalder, Alex Pascal, Alisa Cohn, Andrew Nowak, Antonio Nieto-R odriguez, Art Kleiner, Asha Keddy, Asheesh Advani, Atchara Juicharern, Ayse Birsel, Ben Maxwell, Ben Soemartopo, Bernie Banks, Betsy Wills, Bev Wright, Beverly Kaye, Bill Carrier, Bob Nelson, Bonita Thompson, Brian Underhill, Carol Kauffman, Caroline Santiago, CB Bowman, Charity Lumpa, Charlene Li, Chester Elton, Chintu Patel, Chirag Patel, Chris Cappy, Chris Coffey, Claire Diaz-O rtiz, Clark Callahan, Connie Dieken, Curtis Martin, Darcy Verhun, Dave Chang, David Allen, David Burkus, David Cohen, David Gallimore, David Kornberg, David Lichtenstein, David Peterson, Deanna Mulligan, Deanne Kissinger, Deborah Borg, Deepa Prahalad, Diane Ryan, Donna Orender, Donnie Dhillon, Dont? Wilson, Dorie Clark, Doug Winnie, Eddie Turner, Edy Greenblatt, Elliott Masie, Eric Schurenberg, Erica Dhawan, Erin Meyer, Eugene Frazier, Evelyn Rodstein, Fabrizio Parini, Feyzi Fatehi, Fiona MacAulay, Frances Hesselbein, Frank Wagner, Fred Lynch, Gabriela Teasdale, Gail Miller, Garry Ridge, Gifford Pinchot, Greg Jones, Harry Kraemer, Heath Dieckert, Herminia Ibarra, Himanshu Saxena, Hortense le Gentil, Howard Morgan, Howard Prager, Hubert Joly, Jacquelyn Lane, Jan

放手去活

The Earned Life Lose Regret, Choose Fulfillment

作者　馬歇・葛史密斯（Marshall Goldsmith）
馬克・瑞特（Mark Reiter）
譯者　廖建容

總編輯　方素惠
責任編輯　陳映華
校對　池明軒、詹舒伃
設計　林琬昀

出版者　長河顧問有限公司
地址　105台北市南京東路五段213號7樓
讀者服務　(02)2768-0105
E-mail　service@emba.com.tw
網址　www.emba.com.tw
傳真　(02)2766-6864
劃撥帳號　50319336長河顧問有限公司
製版印刷　久裕印刷事業股份有限公司
總經銷　大和書報圖書股份有限公司　電話：02-8990-2588
出版日期　2022年9月15日 第一版第一次印行
2022年11月20日第一版第二次印行

定價　450元
ISBN　978-986-91403-7-9（平裝）

The Earned Life: Lose Regret, Choose Fulfillment
By Marshall Goldsmith and Mark Reiter